基于多元化的课程教学与创新实践

⟩⟩⟩⟩⟩ 盛　惠 ◇ 著

汕頭大學出版社

图书在版编目（CIP）数据

基于多元化的课程教学与创新实践 / 盛惠著． -- 汕头：汕头大学出版社，2023.6
　　ISBN 978-7-5658-5047-9

Ⅰ．①基… Ⅱ．①盛… Ⅲ．①大学语文课－教学研究 Ⅳ．①H193

中国国家版本馆CIP数据核字（2023）第108510号

基于多元化的课程教学与创新实践
JIYU DUOYUANHUA DE KECHENG JIAOXUE YU CHUANGXIN SHIJIAN

作　　者：	盛　惠
责任编辑：	郑舜钦
责任技编：	黄东生
封面设计：	道长矣
出版发行：	汕头大学出版社
	广东省汕头市大学路243号汕头大学校园内　邮政编码：515063
电　　话：	0754-82904613
印　　刷：	廊坊市海涛印刷有限公司
开　　本：	710mm×1000 mm　1/16
印　　张：	6.75
字　　数：	150千字
版　　次：	2023年6月第1版
印　　次：	2024年3月第1次印刷
定　　价：	68.00元

ISBN 978-7-5658-5047-9

版权所有，翻版必究
如发现印装质量问题，请与承印厂联系退换

前　言

　　社会经济的巨大转型和高速发展、多种价值取向并存的文化环境、我国教育政策的调整和教育观念的转变、教育科学理论的重大突破、世界语文教育课程改革的新趋势，以及我国语文教育课程存在的问题，为高校语文教育课程多样化发展提供了背景。语文教育课程多样化是指根据我国不同地区、学校、教师和学生的特点，在语文教学中围绕教育目的所形成的多种目标、多种内容、多种组织方式和评价方式等。多元化的课程具有多元性、选择性、灵活性、适应性、人本性和整体性等特征，其价值主要表现为：实现高水平教育质量，促进学生全面发展的教育学价值；科学地处理个别差异，促进每个学生最大限度地发展的人本价值；促进课程权利的合理分享，推进社会民主进程的社会价值；提高课程的适应性，促进多元文化发展的文化价值；弥补课程"漏洞"的课程价值。由此可见，多元化课程教学对语文学科的可持续发展具有重要作用。

　　基于此，笔者以"基于多元化的课程教学与创新实践"为题，首先分析多元化课程教学创新的可行性；其次探讨多元化课程教学思维的创新；再次应用多元化教学模式对课程教学进行改进；最后研究课程信息化教学创新。

　　本书从适应高等教育发展的新形势和应用人才培养的需要为出发点，运用多种方式方法引导学生研读母语经典及代表性优秀作品，提高大学生的语文水平、审美能力和鉴赏能力，拓宽学生观察世界的视野，把培养思维能力和创新意识，提高阅读、表达能力、文化素养等有机统一起来，探索大学语文课堂教学的多元化教育教学模式。

　　笔者在撰写本书的过程中，借鉴了许多前人的研究成果，在此表示衷心感谢！同时，恳请前辈、同仁以及广大读者对本书进行批评斧正。

目 录

第一章 多元化课程教学创新的可行性 ... 1
第一节 多元化课程教学创新理念与活动 ... 1
第二节 多元化课程教学创新遵循的原则 ... 19
第三节 利用多元化教学培养创新思维 ... 28

第二章 多元化课程教学思维的创新 ... 30
第一节 创新思维在课堂教学中的作用 ... 30
第二节 多元化课堂教学中创新思维的营造 ... 34
第三节 多元化课堂教学中创新思维的培养 ... 39
第四节 多元化课堂教学中创新思维的策略 ... 41

第三章 应用多元化教学模式对课程教学进行改进 ... 47
第一节 教学情境多元化 ... 47
第二节 教学方式多元化 ... 52
第三节 教育手段多元化 ... 54
第四节 评价方式多元化 ... 59

第四章 课程信息化教学创新 ... 67
第一节 基于信息化的课程教学模式创新 ... 67
第二节 基于信息化的在线课程教学设计 ... 86

第三节　基于信息化的课程教学体系构建 89
　　第四节　基于信息化的课程教学改革创新 92

结束语 95

参考文献 97

第一章　多元化课程教学创新的可行性

　　大学语文在提升大学生的人文素养、健全大学生人格方面起着重要的作用，其多元化教学创新具有较强的可行性。本章重点探讨多元化课程教学创新理念与活动、多元化课程教学创新遵循的原则、利用多元化教学培养创新思维。

第一节　多元化课程教学创新理念与活动

一、多元化课程教学创新理念

（一）视角创新的理念

　　大学语文是一门综合性很强的学科，其内容既包含社会学科内容，又涉及自然学科有关内容。因此，语文课程多元化教学创新研究的视角应该扩大到哲学、历史学、社会学、美学、信息学、思维学以及相关的自然科学多个领域，使大学语文教学研究呈现出开放性、多元化特征。新时期，以人为本的教育理念得到发展，对于视角创新而言，需要让大学语文创新教育研究工作人员充分考虑到学生的成长需求、个性化需求、学习需求，以及社会需求、课程建设需求、家长父母需求的功能，从需求出发寻求研究方向。因此，必须在实际的研究工作中加入其他的视角，不能只局限于教师的角度进行大学语文创新教育研究工作。

　　例如，语文教师在进行语文学习问题研究时，先要对大学生的学习现状、学习基础、学习兴趣、学习方式、所处环境等进行调查分析，针对大学生中常见的大学语文课堂学习问题进行细致分析，并且提出具体的大学语文创新教育研究的对策。在制定出具体的大学语文创新教育对策后，定期收集学生的反馈意见，综合自身的专业素质和具体能力对大学语文创新教育研究对策进行改善。视角问题一直以来都是较为重要的研究要素，在传统的大学语文教育工作中，都是以单方面传输作为基础，以此对学生的兴趣性和主观能动性造成一定的影响，必须保证研究工作得到合理的开展，实现视角创新，改变单方面知识传输的缺点，为后期的教育教学改革工作提供参考，促进大学语文多元化课程教学创新工作的有序开展，以此保证研究工作得到全面的进步。

（二）方法创新的理念

不仅是视角创新，方法创新也是大学语文课程多元化教学创新研究的主要内容，方法创新包括大学语文创新教育研究方法的创新、大学语文教育方法的创新。大学语文创新教育研究方法的创新就是采取信息技术、计算机科技、大数据技术对研究方法进行全面的分析研究，通过大数据对教师、专业人员、学生进行全面的分析，以此为大学语文创新教育研究工作提供准确科学的参考，确保制定的对策更具有现实意义。

随着信息科技的发展，采取全新的调查分析手段，可以更好地判断大学语文创新教育研究方法的可行性，并且进一步判断研究工作的开展情况，对研究工作进行阶段性的具体的分析判断。例如，高校可以建立相应的数据库系统，将校内教师、学生的基础信息录入其中，通过该信息系统软件可以对前后成绩变化、学习过程、研究成果等进行分析，以此更好地判断大学语文教学中存在的问题及研究趋势，进一步明确其中存在的问题并找到主要原因，对相关重要信息进行录入保存，以此提高大学语文创新教育研究工作效率。大学语文教学方法的创新，可以使用的教学方法有很多，保证教育教学内容得到全面的开展，对教育发展情况而言较为重要，必须进行全面的创新和综合性的使用，在对大学语文创新教育研究工作进行全面的研究的基础上，保证采取的大学语文创新教育方法有效可行。大学语文创新教育研究工作的目的是改进教育实践，解决教学问题，提升教学水平，提高人才培养的质量。

无论是视角创新还是方法创新始终都以学生为中心，真正落实以学生为本的教学思路，找准问题，理清思路，是现阶段大学语文创新研究方法的重点内容。因此，大学语文多元化课程教学创新研究工作必须以学生为主体，认识到新时期主观能动性的重要性，满足学生的需求，才能够吸引更多的学生加入研究工作中，保证教育教学工作得到全面的开展，进而为研究工作奠定良好的基础。

（三）思路创新的理念

语文课程多元化教学的思路创新为大学语文创新教育研究工作提供根本保障。在进行教学研究工作中，需要利用一些工具论、机械认识论等理论知识，提出具体研究的思路创新方式，从而更好地为大学语文创新教育研究工作提供基本的理论基础。教育和理论之间存在着千丝万缕的关系，很多教育问题都是思想问题，只有对思想进行创新，教育问题才会得到真正的解决。从教师工作方式上看，很多教师在大学语文创新教育研究工作过程中不断改变教学方法和教学理念，对学生和教学产生了全新的认识，很多教学方法是教师在大学语文创新教育研究工作的教学目的的基础上创新出来的全新的教学方法，以此帮助学生展开学习工作。不仅如此，思路创新工作中也有学生思路的创新、社会思路的创新，以及学校思路的创新，只有学生、社会以及学校的观念得到了改变，为大学语文创新教育研究工作创造出良好的氛围，才能在实际的研究过程中，创新教学思路，获得有效方法。

在思路创新的过程中，首先，要进行观念创新，思路决定出路，教师只有改变固有的教学观念和教学思路，不断进行创新教学实验，提高教学的有效性，才能够在实际的教学过程中更好地进行教学改革活动，形成良好的教学内容和教学模式。其次，学校需要进行思路创新。没有一个宽松愉悦的改革环境与强有力的政策支持，再有能力的教学改革也难以继续，所以，学校要充分认识到大学语文创新教育研究工作对整个学科建设与学校发展都是息息相关的，要制定出切实可行的创新发展规划，出台有利于创新发展的奖励措施，实施真实有效的创新工程，调动全员创新，推动全面改革，助推全面发展。例如，教师作为大学语文创新教育研究工作中的主体，要保证研究工作得到全面的发展，就必须转变自身的创新观念，对教学方法和教学理念进行全面的改革与创新，根据具体的教学目的，有针对性地使用教学技术、教材及资料，运用科学教学手段等促进学生进行学习。

此外，教师还要对教师的职业价值、教学方法以及大学语文创新教育研究工作的创新原则进行反思，除旧立新，开创语文教学新局面。教学方法的基础是思想理论，因此思想理论的创新十分重要。在传统的教育学观念、教育思想中，关于教学方法的观点是一种教学的延伸，而且随着教学活动发展变化，现代技术信息手段不断完善，信息手段成为新时尚，如果教师没有对思想观念进行全面的创新就盲目地展开教学改革，反而会对教学效果造成阻碍，也会让教师成为教学研究的附属。因此，必须对思想创新工作进行全面的落实，从而让大学语文创新教育研究工作得到全面的发展。

教师可以在正确的教学思路的基础上，更好地引导学生掌握知识技能，从而提高学生的综合素质和自身发展实力。例如，教师在实际研究的过程中必须首先改变教学思想和教学思路，大学语文创新教育研究工作亦如此，只有相关人员对教学思想和教学思路有如前的认识后，才能更进一步地开展研究工作。又如，为了保证大学语文创新教育研究工作得到全面的落实，可以定期开展教师培训工作。在培训工作中，与其他高校建立互帮互助机制，两校教师可以互相听课，建立起优秀课堂教学比赛，以此传达大学语文创新教育研究理念；落实培训考核工作制度和绩效激励制度，以期鼓励教师踊跃提高自身发展实力，为教师的全面发展奠定良好的基础，并且为大学语文创新教育研究工作奠定良好的氛围。这些方式可以从根本上保证研究工作的开展，也为后期其他方面的大学语文创新教育研究工作提供基础，让教师在转变教育观念和教育思路的同时，提升教师的教学能力，为大学语文创新教育研究工作提供双重保障。

（四）表达创新的理念

教学研究的表达是对整个研究过程及其成果的呈现方式，是研究过程的重要环节，尽管它属于研究工作的一种形式，但它关系到整个研究的价值与质量，不容小觑。以课堂教学为例，传统的单一性表达方法对学生的吸引力较低，课堂的整体效率较差，课堂的教学质量无法得到提升。表达是教学过程中最为重要的影响因素，尤其是随着社会经济的不断发展，学生个性化不断增强，如果教师的表达方式出现问题，不仅不会让教学方法起到应有的作用，反而会造成一定的阻碍。新时期可以采用的表达方法包括鼓励式表达法、疑问式表达法、引导式表达法等。新课改全面落实后，大学语文创新教育研究工作也要随之发生改变，教师要清晰明确地认清自己在整个教学环境中的位置，是一个引导者、指导者，并非教学的核心，学生成为教学环境中的整体核心。传统的单一式教学，已经无法满足学生的学习需求，通过鼓励式表达法、疑问式表达法、引导式表达法等方法，会让学生产生一种兴趣和学习动力，从而在日常的学习生活中更加积极地投入其中。

例如，在鼓励式表达法、疑问式表达法、引导式表达法中，教师可以改变传统的教学表达方法，不要直接地指出学生的错误，而是要发现学生的优点和正确的地方，先鼓励学生，再去提出问题，并且希望学生可以在下一次避免这样的问题，不断地完善自己。学生在这样的状态下，可以更好地面对错误，也不会出现畏惧心理，继而在日常生活中更加明确这样的教学目标和教学要求。此外，在实际的教学过程中，还有很多学生经常会出现注意力不集中、上课不认真听讲、课堂参与程度差等问题，教师要充分认识到，大学语文知识中理论性内容较多，知识较为抽象，如果采用传统的表达方式，会对学生的理解造成一定的阻碍，长此以往，学生对学习失去兴趣，上课效率自然降低。而如果采用鼓励式表达法、疑问式表达法、引导式表达法等，调动学生的好奇心，吸引学生的注意力，让学生的思维始终跟上课堂节奏，教学效率也就会自然而然地得到提升，教师的教学目标也得以实现。

除了上述内容之外，可以采取的表达方式还有很多，教师可以引入学生的日常生活、新闻时事，增加课堂的趣味性，利用学生感兴趣的内容，结合课堂的教学内容，吸引学生的注意力。表达方式是教学方式的影响因素之一，表达好坏会直接影响具体的课堂效果的好坏。因此，在大学语文创新教育研究工作中，除了要进行方法创新、角度创新，还要进行观念创新和表达创新，这种表达创新还包括学生自我意识表达的创新，以及教学研究成果的表达创新等，前者重在锻炼学生的语言运用技巧，学生自我意识表达的创新重在体现研究成果的质量，这也是语文教学研究中十分重要的因素。只有保证以上都得到了一定的改善，才算是得到了基本落实，教学质量也就有了保障，教学水平也会随之提升，大学语文创新教育研究工作和大学语文课程建设才会得到全面的改善。

二、多元化课程教学实践活动

（一）语文实践活动的意义

1.语文与生活之间的联系

（1）语文起源于生活。文学主要来源于人们的生产劳动，最初的文学作品是在人的劳动过程中产生的，语文起源于生活体现在三个方面：一是劳动行为是语文知识产生的前提，人类在不断发展中，逐渐使用工具进行交流沟通，并创造出语言系统和文字系统，将劳动与语文分开会阻碍语文活动的发生；二是劳动行为满足了语文活动需求，最初的文学活动便是为了协同劳动进行创作的；三是劳动是早期文学创作主要参考内容，包括《吴越春秋》中《弹歌》等文学艺术作品，都是围绕劳动活动创作得到的。因此，可以说语文来源于生活，与生活实际间存在紧密联系。

（2）生活影响语文发展。语文发展动力主要为生活发展需求，随着人类生活形式的改变，人们对精神文化提供了更多需求，这种情况下，促使语文内容和形式朝着多样化方向发展，体现出生活需求在语文发展上的促进作用。早期文学作品普遍以诗的形式存在，内容相对单一。随着时代发展，诗句表达内容更加丰富，但是由于受到诗歌形式限制，又产生了其他多种类型的文字样式，包括小说、散文、戏剧等，随着信息时代的到来，新型交流媒体得到了广泛运用，提高了信息交流效率，简化了信息交流过程。时代的发展，一定程度上扩展了人们的视野，要求人们运用创新性思维和开放心态来为语文发展注入活力。为了满足语文发展要求，需要新时代下人们具备更高的文字选择和运用能力，即表明生活发展可推动语文发展。例如，人类在不断发展中形成了多种文化，如声乐文化等，这些文化的产生离不开实际生活，而随着文化内容的不断丰富，再次为语文发展提供了有利条件。

（3）语文使生活更加美好。在对语文和生活间关系进行分析时，要注意的是，语文活动的开展能促使生活更美好。语文来源于生活，但是又超越生活，大多数优质文章是对实际生活的超越，代表了作者思想，作者将对生活的期许借助文字形式传达出来，这类文章不仅有利于学生对写作技巧的掌握，而且能给人们生活希望。在欣赏语文作品时，应该从文章本质出发，感受其传达的美好意愿，以便提升人们心灵境界，以超越的态度对待作品，通过语文知识的学习，促使读者自觉追求乐观向上的生活，为读者提供审美体验。例如，在学习诗歌等教学内容时，可鼓励学生结合实际内容想象出一定情境，为学生营造轻松愉悦的学习氛围，不仅有利于学生对知识的掌握，而且能促进学生树立正确的三观，对他们的生活态度产生积极影响，使他们能对现实生活有较大热情。

2.在语文活动中培养语言交际能力

（1）加强普通话练习。普通话是现代汉语的标准语，它是以北京语音为标准音，以北方话为基础方言，以典型规范的现代白话文著作为语法规范的汉民族共同语，它是文字改革的一个重要组成部分。普通话是现代汉语的标准语。普通话还是一种对长辈很尊敬的语言，因为它响亮易懂，悦耳动听，使长辈听了很愉悦。在语文实践活动开展过程中，普通话有利于提高学生语言交际能力。学生要注重普通话的练习，以便获得较好的交际能力，需要在把握语音标准的基础上，确保学生具备较高的普通话水平。加大对大学生普通话水平的训练可看作是提高他们交际能力的重要途径，大学生可塑性较强，可在训练实践中，丰富学生的词汇量，增强他们的语感，在提升学生语言交际能力方面有着重要意义。

实际进行普通话训练时，可着重从韵母、语调、声调等方面着手，安排一定课时集中进行普通话训练。掌握声母和韵母是提高学生发音准确性的基础，可根据学生发音特点，有针对性地加强训练内容，以便在保证学生具备较高普通话水平的情况下，确保学生语言交际行为的良好开展，对学生未来发展有重要意义。

（2）通过朗读训练表达能力。朗读是指将视觉感官接收到的语言信息，转化为有声语言的创造活动。朗读需要朗读者根据特定的语言材料，借助语言的媒介作用，将文章核心思想准确地展现出来，通常将朗读看作是创造文学作品形象的一类活动。在实际语言教学实践中，通常采用朗读这一教学手段，能起到传授知识、锻炼技能以及提升能力的作用。对于朗读者而言，需要在开展朗读活动的基础上，深入探索文章含义和韵味等。在朗读过程中，学生可想象作者创作时的感情和心境，再次利用自己的语言将作者思想情怀以及语言信息等传达出来。

通过朗读文章能一定程度地培养学生审美情趣，并有利于提高他们的写作能力及鉴赏能力，对学生语文学习能力的整体提升有促进作用。反复地朗读，能够将人的注意力集中到文本内容，感受理解文本意境和思想。并且，在朗读过程中，要求学生能根据文章情感特点，合理控制语调和语速，在上述训练的开展下，能帮助学生养成较好的语言习惯；同时可在朗读实践中，加大对学生表达能力以及理解能力的培养，在上述能力全面提高的情况下，可保证学生具有较强的语言交际能力。

（3）语感能力的训练。语感能力的训练同样对提高学生口语交际能力有重要意义，应在合理设定并落实语感能力训练的基础上，促进学生相关能力的发展。语感是指人们对文字的敏感程度和直觉程度，不同个体的语感能力有所差异，对于语感能力较强的人而言，能在听读一段话的同时，快速掌握其中蕴含的情感。语感不仅能起到加深人们对文字理解的作用，还能保证人们充分表达自己的情感，写作实践中需要充分利用这一能力，以便丰富文章中的情感内涵。语感能力一定程度上决定着学生的交际能力，对于语感较好的学生而言，能做到说话内容的准确表达。而语文教学活动的开展，对学生语感能力的提升有积极促进作用，因此，可通过大力开展语文教学活动来促进学生语感能力和交际能力的增强。

3.在语文活动中培养学生创新品质

（1）引导学生从观察中发现。语文实践活动的开展，有助于锻炼学生的创新思维，语文活动能为学生提供广阔的观察空间，引导学生在实际观察中发现创作源泉，进而在整合各类信息的基础上，提高学生创造能力。因此，"为了发挥语文实践活动在培养学生创新品质上的积极作用，教师应有意识地引领学生观察生活，真正发现生活与语言间的联系，并在生活实践中增加见识，提高语文学习兴趣。"[①]例如，在语文教学实践活动中，教师可以根据教学内容，组织学生参加户外活动，并要求学生将观察到的事物记录下来，养成他们自主观察的习惯，以便为之后写作实践活动的开展奠定基础。语文来源于生活，高质量的文章创作离不开对生活素材的收集与整理，只有在保证全面收集生活信息的基础上，才能确保文章体现出较高现实性，才能实现广泛传播。因此，在培养学生观察能力时，有必要注重观察活动的定期组织，并在活动实践不断推进的条件下，提高学生的观察能力和创新实力。

（2）引导学生在想象中感悟。要想提高学生的创新能力，还应注重引导学生在语文活动中充分利用想象力，根据生活中的语文知识，营造出相应的场景和语境，以便做到对知识的深刻掌握。例如，大学语文课堂上可开展不限制主题的写作活动，学生能根据自身喜好确定写作主题，并在基于已有语文知识的条件下，发挥其想象力，从而丰富文章内容，并提高文章鉴赏价值。在语文活动中运用想象力，能有效实现学生对语文知识的深入感悟，以免限制学生语文能力的全面发展。同时，想象力在写作过程中的运用，是提高学生创造能力的重要途径，需要学生在营造想象情境的情况下，从多个角度出发学习语文知识。为了保证学生想象力在语文活动中的有效运用，要求教师能尊重学生的个性特点，保证语文活动在和谐的氛围下高效开展，这对提高学生创新能力有一定帮助。

（3）引导学生向课外延伸。语文教学课堂中获取的知识有限，考虑到语文知识的学习受到社会环境和自然环境的影响，因此，需要注重语文知识向课外延

---

① 侯丹.大学语文创新教育研究[M].长春：吉林人民出版社，2020：130.

伸，将语文知识与社会生活联系起来，进一步完善学生语文知识体系，挖掘实际生活中的语言元素，从而起到丰富语文教学内容的作用。例如，在组织学生参与到语文实践中时，教师会引导学生树立知识不断扩张的意识，在语文活动开展中，重点关注课内外联系以及学科间的融合等，促使学生做到从多个角度出发，运用其创造性思维来思考问题，能保证其对问题理解得更加透彻，并能实现语文知识的灵活运用。语文教学主要教学任务之一便是加大对学生创造能力的培养，以便将学生创新性格培养成珍贵的思维品质，为学生语文知识学习提供保障。

（二）语文实践活动的原则

1.愉悦性原则

在组织语文多元化实践活动时，要遵循愉悦性原则，旨在保证活动开展过程中体现出明显的趣味性和开放性，在轻松的氛围下深入探讨问题本质，并实现探索成果的有效分享。进行语文活动成果交流时，会体现出趣味性、互动性的特点，由于具备这些特征，使得语文实践活动受到学生广泛欢迎，并能提高语文活动质量和效率。为了确保愉悦性原则在实践活动开展中的有效落实，应保证活动表现形式的趣味性和多样性，为学生提供多种活动行为，从而学生可根据自身行为特点和知识需求等，选择适当的实践活动形式，确保学生积极参与到语文实践中，并能在实践环节自觉进行语文知识收集和整合等，从而发挥语文实践活动在培养学生语文素养上的积极作用。

例如，在实际语文实践过程中，可设置调查报告、手抄报、PPT放映等多种表现形式，学生可将自身探索成果通过上述表现形式呈现出来。由于表现形式的多样化，可促使学生在进行活动成果交流时，吸收多种思想，并从多个角度出发进行问题分析。具体而言，实践活动成果交流是语文活动的最后一个环节，活动成果交流深度及广度对语文活动整体开展效果有直接影响，为了确保成果交流在良好环境下进行，则需要在明确语文活动组织原则的基础上，从丰富活动成果表现形式这一角度出发，为成果有效共享提供多种传播载体。

2.独创性原则

为了充分发挥大学生语文实践活动在促进学生语文能力提升上的帮助作用，需要明确实践活动的开展原则，从而为实践活动的有序进行提供保障。其中独创性原则是进行大学生语文实践活动时需要充分落实的原则，是指确保实践活动内容的创新性和时效性，能帮助学生掌握充足的语文知识，促进学生语文能力结构体系的完善发展。语文活动的高效开展需要同时发挥师生双方在实践活动中的创造性及主动性，以便提高师生在活动中的参与度。语文实践活动的开展需要突出学生主体地位，要求教师能发挥其组织和引导作用，为学生提供适宜的活动内容，并引导学生将创新思维运用到活动开展过程中。要想保证独创性原则真正落实到语文实践活动设计中，要求教师能尽快接收新的教育观念，将新的语文知识渗透到实践活动设计中，为学生提供全面的语文知识，避免照搬原有的活动设计形式，否则，就会导致学生活动参与积极性降低，并无法保证活动内容符合学生发展需求。

另外，在实践活动设计及开展过程中，教师应有意识地吸收新知识，以便提高其综合素养，以及在活动开展阶段提供更好的教学指导。另外，实践活动内容创新特点还应通过挖掘教材内容来实现，教师应在以教材内容为主的基础上，准确把握教材内容并创造性地利用教材资源。通过上述做法，能保证实践活动内容设计的合理性，并能在延伸教材内容的情况下，提高实践活动针对性，挖掘学生潜能。为了达到教学活动精心设计的效果，需要在语文实践活动中采取启发式和讨论式的教学形式，提高学生智力，加强语文教学效果。

在讨论内容制定上，可由教师和学生共同商讨，主要针对教材内容中有研究价值的地方进行细致探讨，从而保证对教材细节知识的有效掌握。语文活动课程较为重视与社会生活以及学生实际联系起来。学生对已经经历过的事件通常有深刻的体会，并希望借助文字载体将其思想表达出来，同时学生对外部世界有强烈的探索意愿，这就促使语文实践活动设计时运用的素材是取之不竭的，并能通过将新的社会观念结合到主题讨论中，得到更加深刻的研究成果。例如，在以环保为主题开展语文实践活动课时，可以设计成完整的活动内容，还可以针对某一主题进行活动设计。通过收集研究领域提出的新理论，为语文活动内容的合理设计提供保障，进而丰富学生知识体系，为他们理性思维水平的提高提供帮助。总体而言，独创性原则在实践活动内容设计上的运用具有重要意义，是提高活动开展效果的关键，并且在独创性原则规范作用下，能够整体提高实践活动质量，促使学生参与到语文活动中，实现自身语文能力的发展。

3.综合性原则

语文活动实践阶段要按照一定原则来设计实践内容，以便取得最佳实践效果。语文实践活动应具有综合性特点，促使学生自觉地将语文知识内化为能力，培养学生的语文素养。语文活动关键目的是扩展语文知识学习和应用的领域，明确语文教学和实际生活的密切联系，以便在多方参与语文教学实践的情况下，实现学生语文素养全面发展。在实践活动的不同环节中，教师要以培养学生多方面的能力作为活动开展原则，例如，通过设定相应的教学目标，使得学生能够在完成学习任务的过程中，提高他们自身的口语交际能力、信息处理能力、合作能力、书面表达能力和创新能力等，进而促进学生语文素养的提高。如果是为了保证语文实践活动的设计能起到培养学生多方面能力的作用，则可设计采访环节，鼓励学生通过课后采访及现场采访等，在采访实践中，学生听说读写等综合能力得到一定发展，并将语文知识运用到实践中，可促使学生明确语文知识学习的重要意义，从而提高学生的自主学习意识。

在综合实践活动开展过程中，还将帮助学生形成优良的学习习惯，由于已经掌握了实践经验，这时学生会通过自己设计安排、活动实践等，真正获取直观的感受经验和理论知识，在实践中确保知识运用的合理性，并加深学生对语文知识的理解。在上述语文实践活动有序开展的条件下，能极大程度调动学生的语文学习兴趣，增强他们将语文知识转变为自身能力的转换技能，从而体现语文教学实际价值。语文实践活动主要特点便是将社会生活与语文教学结合起来，可促使学生语文知识获取渠道的多样化发展，进而开阔学生视野，使得学生认识到多元文化的学习价值，并能自觉吸收传统优秀文化，达到学生思想境界的提高。另外，语文实践活动能保证语文知识真正运用在生活实际中，并在实践中得以丰富，因此，有必要注重语文实践活动的良好开展。通过加大语文教学和社会实践的联系，有助于培养学生实事求是的科学态度，吸引学生参与到语文活动中，为语文活动开展效果的提升奠定基础。

4.艺术性原则

语文实践性教学内容的设计需要遵循艺术性这一原则，确保实践活动设计能激发学生参与活动的积极性，并且突出活动内容的艺术感，有助于调动学生问题探索意识和创新意识等，是加强实践性教学质量的根本条件。通常将科学性原则及艺术性原则的辩证统一看作是语文活动设计的根本特征。其中科学性是指在进行语文实践活动内容设计时，应借助先进教学观念及教学原理的指导作用，保证实践活动内容与语文教学规律以及学生语文能力的发展规律相一致，即确保实践活动具有较强可行性，是实践性教学良好开展的重要保障。而艺术性原则主要是针对实践性教学需求提出的，语文教学设计需要体现艺术性特征，进而为语文教学活动的开展注入活力，在语文实践教学高效进行方面发挥着较大的推动作用。

艺术性主要是在进行语文教学设计过程中，教师应利用创新发展意识，突破传统课堂模式的限制，避免实践性教学活动设计受到教材的制约。例如，教师通常会凭借自己习惯的教学方式，来深入解读作品并组织教学活动，这种做法能够保证进行教学活动时，可以最大限度呈现教师个人教学魅力，有利于调动学生兴趣，保证学生将自身情感融入教学实践中，促进他们个性的形成，以及语文能力发展。语文实践活动设计需要遵循多种原则，这些原则的规定主要是从语文实践教学本质、需要实现的教学效果等角度出发来确定的，通过借助多种原则的引导规范作用，有利于推动实践性教学朝着高层次发展，使其逐渐成为培养学生语文能力的重要途径。其中艺术性原则具有重要参考价值，这一原则能有效增强教学内容趣味性，要求实践活动内容的设计满足学生心理特点，体现出其中创造性思维，通过为学生提供新的活动形式，可确保教学活动在学生积极配合下顺利进行，真正做到促进学生个性化发展。

5.发展性原则

在设计语文实践活动内容时，要注重发展性原则的运用，明确语文实践活动的组织在发展学生语文能力上的促进作用。对于语文活动而言，其本质为变革，组织语文教学实践活动的主要目的是加大对学生语言文字运用技能以及语文素养的培养，从而保证语文活动内容设计的合理性。语文实践活动内容设计标准是提高学生语文学习质量和效率，需要在正确认识语文实践性教学本质的基础上，保证活动内容的针对性设计。发展性原则的提出便是为了充分体现实践性教学在学生发展上的促进作用，需要保证发展性理念贯穿于实践活动设计过程，使得实践活动设计体现出先进性特点，为学生语文能力提高提供基础条件。实际上，语文教学活动和语文知识学习间并不总是促进关系，随着语文教学课堂中听说读写等活动的开展，将促进语文学习过程顺利开展，并保证学生不断积累语文知识。但是随着学习行为的进行，学习者的学习能力和知识获取倾向等将发生变化，这种变化能长期保持，在这种变化情况下，个体对语文教学知识的需求有所改变，要求语文教学知识具有多样化特点，并能逐渐增加知识学习难度。但是在实际课堂教学中，大部分教学活动只是在单一水平标准上的重复，这时教学活动的开展与语文知识学习之间不成正比关系。

因此，有必要在设计教学活动内容时，严格按照发展性原则进行设计，从而保证教学实践活动的开展有助于学生语文能力朝着高层次发展。例如，在鉴赏诗歌时，应在保留朗读这一教学手段的同时，增加新的教学形式，包括以教材文本为主，尽可能多地收集相似诗歌作品，在细致分析多个诗歌作品间相似点的过程中，掌握诗歌相关知识。随着教学实践的推移，保证语文教学难度的适当增加，确保语文实践活动在难度设定上体现出层次性特点，从而始终保持教学活动在学生语文能力发展上的促进作用，是语文实践活动设计遵循发展性原则的重要体现。在明确教学活动设计原则后，要求教师能在实践活动开展阶段指导学生有序进行语文学习，保证实践活动与语文教学紧密联系起来。当实践活动内容和活动形式的选择都处于学生近段时间的发展区时，则说明活动设计符合学生语文学习特点，要做到活动设计难度与学生学习能力相适应，进而最大限度地调动学生学习能动性，推动其朝着高认知水平发展。

6.操作性原则

在进行语文实践活动设计时，要确保活动设计方案体现出较强的可操作性，从而确保实践活动实施策略的有效落实，为实践活动顺利进行加以保障。语文活动组织的目的是为学生语文知识的探索和运用提供广阔平台，保证学生通过参与语文活动，来达到自身语文素养的提高。可操作性原则应贯穿于语文活动内容设计整个过程中，需要针对学生个性特点、学习能力、学习需求等，设置相应的活动内容，确保活动内容的设计涉及学生多种能力的培养，从而实现学生整体语文素养的提升，在实践过程中做到语文知识向能力的转换。

因此，教师在组织实践活动前，通常会要求学生针对语文实践活动提出自身看法和建议，以便在收集多方观点的条件下，提高实践活动设计方案在实际语文教学中的适用性，使得活动内容满足学生发展需求。可操作性原则是语文教学固有规律，不能违背。在设计实践活动时，还应遵照促进体验、落实教学策略和激发创造性思维的要求来安排活动内容和流程，保证语文理论成果是通过实践得到的，进而增强理论知识可信度，并能保证在实践过程中加深学生的知识掌握程度。

例如，在实际设计语文实践活动中，应在明确活动主题的基础上，适当加大活动表现形式，并且可以增加问题研究复杂程度，以便提高语文实践活动开展意义。活动设计效果的实现，还要求在设计实践活动环节严格遵循可行性原则。语文活动应在充分考虑学生已有生活经验的基础上，结合其实际能力和认知水平等，判断活动内容的可完成性，从已经具有的客观条件和主观条件等方面出发，具体判断实践活动的设计是否合理，避免由于语文活动内容与生活实际联系不紧密，导致活动效果较差。因此，在进行语文活动设计时，不能将活动完全按照课本还原，还应在此基础上向深层次发展，同时不能将实践活动设计得过于宏大或复杂，导致学生在实践活动中无从实施。从某种程度上看，实践活动体现出较强的可行性，是可操作性原则、目标性原则有效落实在语文实践活动开展上实现的，是增强实践活动效果的根本条件，对提高学生语文知识运用灵活性以及问题分析能力等有重要的促进作用。具体而言，实践活动的可操作性是保证语文教学活动取得预期效果的前提，实际开展实践活动时，要从主客观等多个条件出发，全面分析实践活动设计难度和复杂程度并做出合理选择，真正体现学生在语文活动中的主体地位，进一步提高实践活动开展质量。

  另外，还要保证语文实践活动获得的结论是多样化的，要在保证得到统一正确认识的同时，保留其余多种意见，保证学生能在多种观点相互碰撞后，对客观事物有自己的认识和判断。并且语文活动得出的结论不一定是完整的，也可以保留一块空白，以便为学生之后的问题探讨保留一定空间，使他们能通过创新思维的运用，获得参考价值较高的活动成果。实践活动对应结论的多样化，能保证语文活动的开展满足愉悦性原则，有利于语文实践活动取得预期效果。实践经验表明，学生在掌握一定语文知识后，需要为其提供广阔的展示平台，促使学生能及时将理论知识与生活实践结合起来，并且鼓励学生展示其风采，增强他们的自信心，是保障语文实践活动取得良好开展效果的关键。例如，教师将语文活动主题设定为"桥"后，有学生选择播放PPT来向人们介绍中国名桥，以便在图像、视频和文字等多种要素配合作用下，加深学生对中国名桥的了解。还有学生组成活动小组，通过问答形式来探索有关桥的知识，在趣味活动的开展下，吸引学生参与到活动中来。总而言之，活动成果交流分享体现出的多样性、开放性以及趣味性特点，是语文实践活动取得成功的关键，有利于调动学生学习意识，培养他们的自主学习意识。

（三）语文实践活动的形式

1.课外阅读的形式

课外阅读是大学生语文学习的一种创新实践活动，在大学生的学习生涯中，学生的课外阅读活动也极为重要，学生通过选择一个感兴趣的作品和文化现象进行分析，可以更好地进行阅读理解和文化分析，进而更好地积累学生的课外知识。课外阅读活动势必会对大学生阅读产生一定心理影响，如果忽视了课外阅读活动，大学语文课程就不是完整的。语文教学必须贴近学生的学习生活，让学生和课堂知识更加地接近，因此，随着信息时代推进，大学生想要提升自身的语文素养，可以阅读更多的课外书籍，以此满足现代社会对人才的不断需求。学生除了可以阅读文学类等方面的书籍外，还要大量阅读与自己学习生活有关的其他学科的书籍，必须保证社会发展对高素质人才的需求，进而通过阅读提升自身的文化素质，才能够让大学生更好地提升自身的竞争优势，从而让大学语文创新教学开展更加顺畅。

通过课外阅读也可以更好地吸收经验，满足自身需求，大学生的阅读面不能仅仅局限于所学专业范围内，要扩大阅读视线，政治、经济、文化、社会、历史、哲学等各类书籍都要阅读，才能适应社会发展的需要。例如，大学生可以通过人物传记的阅读，借鉴他人的经验，继而完善自身的知识结构，加深专业知识，以更好的状态面对市场竞争。此外，还可以引导学生更好地认识社会，了解人生，从而让学生更好地理解人生知识，让学生感受到更多的专业知识，为学生的人生服务。

2.文学论坛的形式

文学论坛在大学语文课程实践教学中发挥着十分重要的作用，是保证大学语文课程教学实效性的措施之一，因此必须充分发挥出文学论坛在大学语文教学中的作用，形成以知识学术类文学论坛为主导，文学艺术类论坛为补充的文学社团形式。同时大学语文教师也要加强对学生文学论坛活动的指导，以此从根本上强化大学语文教学活动的实效性。语文是大学生自身可持续发展的重要组成部分，将文学论坛加入语文教学活动中，不但可以增强语文课堂的实践性，而且会增强语文课程的实践性，也能够让学生更好地发挥自己的主观能动性。

通过文学论坛的学习可以有效提升学生的自我认识，培养文学知识、语言修养、美感品质等综合素质，通过文学论坛也有助于让学生毕业后成为一个全面发展、具有发展潜力的公民。想要实现这一目标，就要改变传统的教学模式，让学生主动参与其中，体验到社会实践。让学生从被动接受知识逐渐转变为主动接受知识，可以借助文学论坛这一平台，展开多样化实践教学活动。文学论坛是提高大学语文教学效果的第二课堂，将文学作品放到文学论坛中，能为学生语文学习提供充足资源。文学论坛的形式多种多样，可采用请进来拉出去的方式，如请资深文学专家教授举办文学讲座，与杂志社联合开展专题文学讨论，组织学生参观名胜古迹，开办文学沙龙等。总而言之，大学语文教学通过各类文学论坛开展相关活动，可以更好地引导学生参加社会实践活动，进而提高学生的道德素质、业务素质、身心素质等，以此全面提升学生的综合能力，让学生更好地理解文学知识，提升文学感受能力。

3.创作笔会的形式

创作笔会也是提升大学语文教学实效性的语文活动。大学语文承担着民族文化传承、人文精神发扬的重要任务，大学生在语文课程中学习大量的精选作品后，就会得到丰富的学习经验，继而积累较为丰厚的文学审美，在实际的语文教学活动中能够拓展综合能力。因此在实际的语文活动中，学生还要提高观察、反思的能力，才能在课堂结束后，将学习到的语文知识，实际运用到生活中去。

创作笔会中学生可以通过多样化的创作活动，更好地应用学到的语文知识。创作笔会具有很强的自主性、灵活性、趣味性等特点，学生可以通过创作笔会进行交流切磋，并且在活动中吸收他人的优点和经验，完善自身不足。而且随着创作笔会的发展，学生可以设计多种不同的创作题材、创作体例，并在实际应用中更好地进行分析，以此实现自己的人生价值。创作笔会本身就是一种实践性较强的活动，通过创作笔会，学生的创作能力、语文能力都会得到全面的调动，从而让自己在实际应用文学知识的过程中，不断提升应用能力。随着信息技术的不断进步，创作笔会也可以利用强大的互联网开展线上培训与线下实践相结合的方式进行，放开视野，广泛吸收，多元体验，提升涵养。现阶段很多教学人员在实际的教学活动中都要求学生多写、多练，创作笔会就是一种锻炼学生创作能力的活动。因此积极开展创作笔会活动，是能够促进学生语文综合素质和综合能力提升的活动之一，也可以将其应用到大学生语文创新教育中，为教育教学活动开展奠定良好的基础。

4.体验生活的形式

现阶段，大学语文创新教育活动中，教学实践性、效率性较低，大学语文创新教育之间存在一定的阻碍，很多高校在提高和拓展大学语文教学创新性上都采取了很多的手段，如开设辅助辅修课程等方式，但是在实际应用过程中，大部分学生虽然得到了锻炼，但是相应的课堂实践创新活动依然存在较为单一、覆盖面较小等问题。体验生活其实就是一种成本最低，实践性最强的语文活动，而且体验生活具有广泛性，且覆盖性较强，因此部分学生可以通过体验生活来加强语文创新能力。通过体验生活，学生也可以更好地感受到生活中被忽视的宝藏，继而感受到文人思想中的魅力，在实际的生活中找到语文知识的舞台，为学生打开全新的语文知识大门，也能够让学生在生活中发现传统文化知识，实现创新创业发展。有针对性地开展社会调查、专业实践等活动，可以让学生体验不一样的生活，不仅能丰富文化知识，而且能锻炼思维能力，提升认知水平。

体验活动可以分为很多种，不同性质的体验活动可以让学生培养不同的语文能力和语文素养。将体验活动融入大学语文活动中，可以锻炼学生的语文逻辑思维能力，提升学生的生活经验，进而让学生了解到语文知识的魅力，建立起语文学习的知识体系，感受生活中的小智慧，丰富自我修养和人文底蕴，进而在学习体验生活中，感受到创作的乐趣，从而达到体验生活的实践效果，让学生自愿参加到语文活动中去，提升自身的语文能力。应鼓励学生参与到课外实践中，如在"感受四季"这一活动中，学生可结合自身知识储备，提出自身对客观事物的认知，并通过语言文字表现出来，培养学生的语文学习兴趣。

5.才艺展示的形式

才艺展示是一种培养大学生能力的活动方式，是校园文化建设的重要内容之一。才艺活动可以让大学生施展才华，培养学生的综合能力。此外，才艺展示也为学生提供了一个良好的平台，让大学生的个人特长得到充分展示，而且在活动中还能结交很多优秀的朋友，进而引导大学生树立正确的价值观、人生观、世界观。大学语文本身就承担着培养大学生文化素质的重要任务，随着学生参与才艺展示活动次数的不断增加，学生的人文性、审美性都会得到提升，而且通过才艺艺术的方式将文学作品表达出来，会让文学语言更加生动形象。不仅如此，学生在参与才艺展示活动的过程中，会逐渐树立起想要效仿的对象，继而在无形之中提升自身的思想高度，养成正确的价值观。

因此，必须充分发挥才艺展示在大学语文教育中的作用，促使大学语文教师走出语文课堂，按照相应的教育教学方式，从人生观、世界观、价值观、道德情感、意志信念等角度出发，帮助大学生策划文艺展示活动，如话剧、歌剧、情景剧演绎、主持风采等形式，以此加强大学生语文教学的实践性和创新性，让师生在文艺展示活动中共同进步，推动自身能力的不断发展。文艺展示活动可以有效推动学生的人文素养，展示自身才华，通过文艺展示活动，可以让大学语文教育教学活动得到拓展，在全校范围内建立良好的语文学习氛围。

6.经典朗诵的形式

经典朗诵也是提高大学生人文素养，建设校园文化的重要组成部分，作为文学爱好者展示自身能力的舞台，也是经典文化传播发扬的舞台，经典朗诵活动的存在具有不可替代的作用。组织经典朗诵活动可以让文学青年的文学底蕴得到进一步的积累，这种经典朗诵读书活动也可以引导语文爱好者更加积极地参与其中，帮助大学生提升自身的内涵，从经典文学中探寻人性和审美创新。现代社会中人们对人文精神的追求日益强烈，经典朗诵是人们对经典文学作品的一种全新的阐述。换言之，在现代社会中，通过经典朗诵的形式，可以让人更好地发现文学作品中的美，提高大学生的身心素质，进而培养其公民意识，以此更好地弘扬语文文化和语文精神，实现自我价值，提升内在素质。

例如，教师组织学生以某一艺术作品为主题，自行创作朗诵内容，并在朗诵过程中加深对艺术作品情感的把握。经典朗诵除了可以在校园内活动之外，还可以在校园外、社会中进行活动，以此对经典文化进行传播，构建出和谐的文化学习氛围，以此为社会和谐发展奠定基础。必须发挥出经典朗诵活动的作用，让大学语文走出课堂，走向社会，切实提高经典朗读活动的实效性，实现大学语文的创新发展。基于此，大学语文教师要根据教学内容和语文知识理论，对经典朗读活动进行策划，其内容必须是经典的，形式必须是灵活多样的，有利于学生自由思想与独立精神的培养，从而保证活动得到科学而有效的开展。

7.演讲比赛的形式

演讲比赛与经典朗读活动相似，但是相比之下，演讲比赛更能够调动学生的积极性，激起学生的求胜欲，通过科学合理的演讲比赛可以在学生之间树立良性的竞争关系，让学生感受到压力的同时，激发学生的学习动力。大学语文课程的实践性和创新性教学想要取得一定的效果，就必须让学生充分发挥自身的优势，教师也要指导学生积极参加演讲比赛，提高语言能力，强调语言运用的技巧。教师要积极为学生开展不同主题的语文演讲比赛，指导学生撰写相关演讲文章，参加更高层次的演讲比赛。

通过开展演讲比赛活动，可以有效扩大学生的阅读面，并且开展优秀的演讲选手和作品的评选活动，将知识融入趣味性、知识性的活动中，借此活动充分调动学生的学习积极性，让学生主动学习大学语文，增强语文知识的创造性，真正实现教学相长。在执行演讲比赛活动的过程中，还要更好地考核学生，让学生真正学习到语文知识，无论是何种形式、何种主题的演讲比赛形式，主要目的都是让学生对知识的掌握程度进一步加深。因此应让学生按照自己的兴趣自愿选择演讲形式，参加演讲比赛，继而撰写演讲稿，选择自己感兴趣的作品或者文化内容进行评价，让理论和实践之间的联系日益密切，从根本上提高学生的实际操作能力，满足学生的需求，让语文知识得到实际应用。

综上所述，大学生可以参加的活动有很多，不同的语文活动带来的效果各不相同，因此，重视并积极开展多样化的大学语文实践活动，让大学生在活动中锻炼成长，是大学语文创新教学的有效选择。

第二节　多元化课程教学创新遵循的原则

一、多元化课程教学原则的实质

（一）遵循课程教学的原理

语文教学在当下已经成为教育体系当中最为重要的部分之一，大学语文课程多元化教学的基本原理体现在以下几个方面：

1."发面"原理

所谓的发面，在北方一般使用的是"面肥"，这种物品也就是上次发面所剩下的活酵母，能够在有效的时间内发酵，这种道理对于语文的学习而言也是适用的。在语文学习过程当中人们往往经历了多个时期，无论是幼年期、儿童期，还是少年期，都主要表现为以下的特点：理解能力较弱，但记忆力相较于成年时期更好，这种情况所带来的影响也就是在前期对于知识的积累十分重要。学习语文时，在较小的时期打好基础，这样才能够成为"面肥"，帮助后期开展更加深入的学习。无论是学习文言文还是现代文，又或者是古诗词等，语文的基础都会对学习的成果带来十分深刻的影响。在大学语文学习过程当中，语文的基础对于学生而言影响十分重要，学生即使在前期缺乏基础的能力，但是为了能够更加深入地学习语文，也会将基础的学习作为语文学习当中不可或缺的一部分。

2."不求甚解"原理

在语文学习过程中，学生对于语文各种知识的疑问并不一定非要寻求到"标准答案"，原因有很多。语文自身就是一门充满感性和个性的学科，正如对一个角色可以有多种解读一样，对于语文学生也可以采用多种理解方式去学习。语文的学习往往离不开的是一些主观色彩，语文学习不能够全部寻求到标准答案，往往很多语文的答案也是因人而异的。不求甚解这个词对于其他科目的学习而言是错误的，但是对于语文而言也正是语文学习的原理之一，语文的美感和感性来源于自身的学科特点以及它的文学内涵。语文不求甚解还能够体现在对于学习的方式上，很多学生在语文学习当中遇到了一些问题，就会积极寻求解决的办法。但是语文学习是一个具有深度的过程，一些阶段可能并不适合去解决这一问题，这也就需要学生能够先积累"量"，再去改变质，只有这样才能够真正地从量变达到质变，帮助探索语文真正的奥妙。对于文章而言，每一个阅读的人都会进行自己的加工和再创造，这也正是创新思维在大学语文当中的一种体现，创新的思考方式、创新的探索方向都会为语文的学习铺设更多的道路。

3.书面语发展原理

书面语发展原理是大学语文的原理之一，语文教育对于学生来说无外乎培养听、说、读、写四个方面的能力，这也导致很多家长和教师产生了对于语文学习原理的一个误解，认为语文的学习当中，读、写所代表的就是书面表达，听、说代表的就是口语，这种方法的错误影响学生在学习当中所探索的具体方向。学生在学习过程当中错误的学习目的也造成了不良的学习后果，听和说，还包含了口头的交际，但是使用的语言并不局限于口语当中，而读和写是书面交际，但是并不会被书面语所限制。对于很多学生而言这种误区从小学延续到了大学，需要认知到的是，书面语发展来源于悠久的历史，并且伴随着时代的变化也产生了自身的创新及变化。口语当中各种规则也需要通过有序系统的学习，而不是仅仅靠生活的经验累积。

4.先用后理原理

通常在其他学科的学习过程当中，人们先了解理论知识，再去进行习题写作、试验或者是研究，但是语文学习的过程与这些学科之间具有一定的差距，语文的应用体现在生活的方方面面，不可否认，语文是每一个人最熟悉的学科，也是和每一个人联系最为紧密的学科。在这种环境下，语文课程当中涉及很多语言和文学方面的理论，例如，修辞、写作手法、语言特点等，这些理论都能够被归纳为系统的理论知识，但是对于很多人而言明白并且能够应用这些理论知识是具有一定难度的。我国的传统语文教学，并不像现代的语文教学，例如，在传统的语文教学当中教育学生"写对子"，这种教育其实暗藏着对于语法、词语以及修辞、逻辑等多个方面的学习，固然传统的教育不适用于现代社会，但是仍旧可以运用创新的思维进行一部分应用，利用这样先用后理的手段，能够在一定程度上帮助学生获得不一样的语文学习体验和语文学习成果。

5.八股文原理

八股文当中写作的内容和体裁从本质上而言算是一种古老的议论文，议论文对于当代的语文教育而言，从初中开始就是必不可少的一个题材，所以八股文尚且具有一定的可取之处，但是必须能够准确利用创新思维取其精华，去其糟粕。学生的语文学习多半是从模仿开始的，而利用一个合理有效的格式去帮助学生模仿则能够有效促进其学习的进程。将八股文当中模式化和规范化的思想适当应用在当前的语文教学当中，能够在很大程度上帮助学生在具有自我创造的能力之前，取得一定的知识累积和模式学习。任何一个人从出生到成长的过程当中都不能够忽视"模仿"的作用，当然模仿并不能构成学习的全部内容，适当、合理且带有创新思维的模仿能够帮助大学语文教育开展得更加顺利。

就语文教育而言，只有朝向"多本多纲"的方向发展，才能够真正展现语文教育的创新思维的作用，才能够真正体现语文教育对于大学教育整体结构的重要地位和作用。大学语文教育过程是一个长期的、潜移默化的过程，更是需要教师、学生和教育机构共同开展变革的过程，在探索且遵循原理的基础之上，才能够真正地体现创新对于教学、对于研究的意义。

（二）把握课程教学的规律

大学语文多元化教学离不开对于语文教学基本规律的把握，而语文教学基本规律主要表现在以下几个方面：

1.多读多写规律

所谓语文学习，实质上也是针对语文能力提升的一种手段，而语文能力的提升又离不开读和写。针对语文开展读和写的训练，并不是简单低效的读写，而是建立在明确目标方向之上的读写。多读多写能够有效帮助学生提升语文能力，并且在语文教育当中已经经历了多年使用并且积累了宝贵的经验。在当代的语文教学过程当中，读写仍旧占据语文教学的主要途径，语文教学利用读写来培养学生的能力也是对现代教学论当中语文实践观点的一种践行。语文课程标准当中针对语文教学也具有一定的规定，在语文课程当中，语文的阅读和习作构成了语文最主要的实践渠道。大量的阅读和习作能够帮助学生增强自身读写的能力，也是对于语文基础学习的体现。

在大学期间虽然没有语文课外阅读量的明确规定，但是对于学生而言，也需要能够保证阅读大量的文章，以开阔知识视野，无论哪个阶段，阅读都能够成为自身提升素养的有效手段。写对于学生而言也不仅仅是被限定在了写作以及默写当中，写作对于学生应当是一种有效的能力体现，无论是古代还是近代，优秀的文章、作品都能够代表一个人的文学素养，而且在当代各种培养文学素养的途径还包含体验、调查、访问等多个方面，学生在语文学习以及教师开展语文教学的过程中离不开对于"写"的重视，用文字来表达才能够真正体现语文在文学方面的特点。

2.训与练合理结合

训练对于语文学习而言并不简简单单是习题以及作业，而是需要教师和学生从训、练两个方面来进行。先是训的角度，这一方面教师能够发挥出十分重要的指导作用。学生学习的过程从根本上而言离不开教师的传授和知识的渗透，教师开展教学也就是对于学生的"训"。而练则面向的是学生，学生无论是自主地练，还是为了能够完成教师布置的任务而练，都是大学语文学习过程当中必不可少的。在训和练的过程当中还需要能够体现出创新思维的作用，创新的方式有效帮助学生和教师在一个充满生机的环境当中开展学习活动，大学语文的教学也不会由于学科的沉闷而导致课堂和学习过程的无趣。

大学语文在训练开展时刻，从教师的角度而言可以有效地融合创新的思维，不断提升自身"训"的方式和能力，吸收一些教育领域的先进经验，并且结合当下学生的喜好和特点开展"训"。而学生在"练"的过程当中也可以通过自身对于已有的方式进行创新，寓"学"于乐，在一个新颖的环境中开展练习，巩固已有的基础，探索未知的语文知识世界。训和练能够合理结合，才能够更加发挥出教师与学生两个主体的主观能动性，达到事半功倍的效果。

3.循循善诱规律

循循善诱并不是一个近代的词汇，而是出自《论语》。孔子作为我国历史上著名的教育家，对弟子的教育方式在当代也具有一定的参考价值，孔夫子"循循然善诱人"，这是对于孔子教学的一种方式概括。在对一些弟子开展教育的过程中，孔子十分重视启发式教学这一手段，启发式的教学对于充满好奇心的学生而言，能够在满足其当下求知欲的前提下，又帮助其产生对于其他内容的求知欲，这样才能够保证对于知识永远具有一颗探索的心。孔子在教授学生知识时，十分重视对于"循循善诱"的应用，这种古代就产生的教学方式并没有因为时代的变革而失去其价值，反而在当代的大学语文教学当中也能够发挥出有效的作用。大学语文教学离不开教师对学生的指导和引导。当学习者了解到自身对于知识的探索仅仅得到了一定的成果，而已得到的成果在整体的知识学术海洋当中占比较小时，就会激发起对未知领域的好奇心和探索心，从而有效帮助学生树立起对学习的求知欲。

（三）汲取课程教学实践经验

语文教学的发展历程从一定程度上而言也正是语文教学经验不断累积的过程，语文教学通过实践得出各种教育的方法和理念，在语文教学的历史中，每一位教师在工作岗位上都会对教学工作积累一些新的体验，这些体验的积累也成为日后语文教学的重要参照。语文教学当中实践的经验包含各个方面，例如，教师需要帮助学生产生对语文这门课程的喜爱，这对语文教学而言十分重要，只有让学生从心里喜欢上这门课，才能够在日后的教学当中发挥出事半功倍的效果。学生在学习时，需求有哪些、喜欢的内容等，这些问题都影响语文教学的具体开展。而在实践当中，语文教师经历了不同教学理念和教学方法的应用，就能够真正了解到学生喜欢风趣的、有内涵的课堂，厌恶的是古板老套的课堂。学生对于知识的探索心和好奇心也受到教师教学能力和教学方法的影响，所以教师必须认真总结前人经验，提升自身能力。昨日的教学实践可以成为今日的教学经验，教师总结经验提升自我时，是从庞杂的教学经历中筛选重要的内容，而不是盲目地照搬。教师在语文教学过程当中利用创新的思维进行经验的筛选和积累，同时学生也可以有效积累自身在学习过程当中所经历的各种情境，从中探索出一条适合自身发展、自身学习语文的道路。

语文教学的实践经验累积是语文多元化教学原则的内容，同时也能够帮助教师坚持语文教学的原则。大学语文教学不同于小学、中学的语文教育，教师所面临的教学内容和学生的情况都有较大的差异，并且大学阶段的语文教育往往也会受到整体学习环境的影响，没有了应试教育的强硬要求，一些学生对于语文学习的重视度可能会降低。在以往的大学语文教学中，教师所积累的经验也会因为时代的变化而产生一些不适用性，只有能够永远跟上时代步伐，利用创新的思维、创新的手段，才能够保证语文教学朝更好更高质量的方向不断进步。

二、多元化课程教学创新的原则

（一）工具性与人文性统一原则

大学语文课程多元化教学中一个十分重要的原则是保证工具性和人文性可以得到统一。大学语文脱离不开语文的本身特质，语文作为生活和工作当中不可忽视的交际工具，对于文化的构成而言十分重要。在教育部针对语文教育所规定的课程标准当中，针对语文教育的性质认识增加了"工具性和人文性统一"的原则，语文课程当中不可忽视的是培养学生在现实当中对于语文的应用，但是同时是指不会忽略语文所具有的人文性。目前我国所进行的教育都不会离开人文性。人文教育是指针对受教育者开展一系列能够帮助其开展人性境界提升以及理想人格塑造的教育，人性的教育必然需要培养人文精神。教育不是对器件的塑造，而是对人的培养，工具性和人文性的结合才是真正的教育原则，并且在大学语文教育当中应当得到良好的体现。

在很长一段时间内学术界对于语文学科的人文性和工具性都开展了深刻的探讨和争论。工具论认为语文作为一门学科，实质上是一种对思维培养和信息传递的工具手段；而人文论则认为语文教育对于学生和教师而言，都是站在人的角度去进行教育，教育离不开人性的特点和培养人的目的，人文论对于语文学科的认知就是将人文性当成了语文学科的本质属性。这两种论调在一定程度上都具有片面性，实质上的语文教学应当在人文性和工具性的和谐交融当中进行，不可忽视二者当中的任意一点，同时也不能够过分偏向于哪一方。对于语文课程的定位就是通过方法论着手，工具性和人文性相统一才是语文课程的基本特点。无论是在哪一阶段的语文教育当中，这两个方向都能够帮助学生有效提升自身的能力和认知范围。

大学语文所面对的学生具有较强的文学基础，同时也由于年龄的特点，不同于小学生、中学生，大学生能够更加容易理解语文这个科目中人文性与工具性统一的特点，这是大学生年龄阶段和文化基础对语文教育的一个好处。在很多课堂的内容当中，文章或者诗词所表现的工具性和人文性侧重点是不同的，有的课本偏向于工具性，那么在这样的教学当中就可以侧重传授学生关于听、说、读、写方面的知识；一些文章充满文艺气息，例如一些优美的散文，这就需要教师侧重于向学生传授人文方面的内容，帮助学生沉浸在一个充满美感的氛围之内，感受语言和文学带来的美的享受。但是从整体的语文教学规划上来看，工具性和人文性在大体上是保证一种平衡的，这样才能够不失偏颇，从全方位为学生的创新意识培养和语文能力提升做出保障。

（二）阅读与写作并重原则

在大学语文课程多元化教学中，需要重视阅读与写作并重的原则，只有保障阅读与写作能够在一个合理的平衡范围之内，才能够开展有效的教学活动。语文教学在以前只有读和写两个部分，但是实际上读往往不受重视。写在语文教育的历史当中就是受到重视的部分，但是这并不能够表明"写"是语文教育当中可以忽视的部分。读和写哪一部分是更重要的，这是教育发展当中语文教学始终存在的问题，真正能够全面提升学生能力的方法必然是将阅读与写作并重，将二者共同作为语文教育不可或缺的部分。语文教育过程当中，对于学生而言，最主要的目的是能够全方位提升自身，而只有能够保证阅读与写作并重，才真正是"全方位"的体现，在语文学习时不能够离开的是阅读与写作相辅相成，共同构成语文的学习框架。

阅读与写作并不是完全交融的，它们相互独立又相互影响，阅读可以为写作提供服务，一定的语文阅读能力是写作的基础，如果缺乏阅读，那么写作就会变成闭门造车，封闭的环境和封闭的思维无法进行优秀的写作实践。教师对学生的阅读指导能够有效提升学生的阅读能力，并且能够为学生其他方面的语文学习打好基础。阅读能够有效打开学生的视野，在一个更加广阔的环境下进行知识的吸收，写作如果成了阅读的最终目的，那么也就会导致阅读的目的不再纯粹。阅读本身是一个开放的过程，阅读经典的作品就如同和具有智慧的长者对话沟通，阅读的内容、品位和方式都可以在教师有效的指导之下取得良好的成果。阅读还能够有效帮助学生开拓创新思维空间，帮助学生提升自身对于文学知识的了解，使创新思维不受到狭窄知识面的限制。

写作教学对于语文教学而言拥有的重要意义之一体现在，养成学生经验积累和技术磨炼的习惯上。学生在写作过程当中实质上也是对语文学习基本功的使用，而语文学习当中写作也占据了十分重要的位置。如果缺乏写作的练习，那么学生就会无法将已经拥有的知识进行组织和归纳，脑海当中的知识点处于一个较为朦胧的状态，同时无法将学到的知识转化为自己的话。学生为了走出这种朦胧的状态，就不得不多练笔。作文练笔必须有效表达自己的真实情感，同时还需要能够保证利用合理的方式方法继续激发，对字词和句子，乃至文章的整体构架都需要有一个宏观的布局。

语文教师帮助学生开展写作练习也需要从兴趣的角度进行激发，无论是何种写作的内容，学生必须有兴趣才能够真正写出心中所想。在我国的语文教育当中，应试教育体系下的命题作文常常被称为是学生创造力和创新思维的阻碍，但是即使在命题作文的背景之下，学生如果可以将自身阅读的内容和人生的阅历转化为文字，也能够不违背语文教学的初衷和目的。写作教学和写作都离不开生活的熏染，生活是艺术的来源，在生活当中学习的知识、经历的事物都会成为写作的素材来源。作文也可以称为生活的一部分，阅读并不是写作唯一来源，阅读和写作之间的关系相互独立却又具有关联，写作的内容也可能会促使学生去阅读一些资料和书籍，和平处理这两者的关系，能帮助学生在创新的思维环境下学习语文。

（三）文道统一原则

大学阶段对于很多学科而言，是一种探索深度的升华，同理在语文的学习和应用当中，也要向更深的层次逐渐发展。文道统一是指文章内部的思想和它的语言表达形式能够得到完美一致，这是语文的基本技能，需要教师和学生在开展语文学习教育过程当中兼顾语文训练和思想方面的教育。在我国古代历史当中，常常把一篇文章、一首诗词的内涵思想称为"道"，道没有固定的内容，在不同的情况下，在不同的文章内部，具有不同的含义，文章所采用的表达形式被称为"文"。现代的语文教育当中，"文"和"道"是基本的技能和思想这两个重要方面，文道统一的原则也是保证语文教育质量的基本原则之一。很多教师在教学过程当中体会到了工具性与人文性平衡的重要性,但是对于语文言语性的属性有一定的忽视。

文以明道,文以载道,这些都是语文教学流传下来的思想,语文课程作为一门教育规划当中必有的学科,其真正的意义十分丰富,其中培养学生热爱国家的思想也是十分重要的一点。无论在何时何地,培养学生正确、积极的思想情感都是教育必须拥有的目标。品德和思想的教育需要体现在教师的教学设计和教学计划当中。例如,在大学语文教育当中,很多近现代文学表现出了不同的观点,并且在部分文学作品当中,表达出的情感可以跨越时间和空间的限制传递到读者的心中,这也正是文道统一的一种体现。"道"的传承利用了文字作为载体,在历史中不断延续,并且通过教育传递到学生的心中,这正是文道统一的意义所在。

(四)文史哲整合原则

文学、史学、哲学这三个概念本身既具有一定的独立性,同时又在文学的范畴当中相互交融。大学语文课程多元化教学的原则之一,也就是能够将这三者进行整合。文学是一种语言艺术形式,也是语文最为人熟知的一面。哲学则是对于世界进行原理层面把握的一门学术。史学又被称为历史学,对于人类社会发展变迁的过程以及其中的规律进行揭示和阐述。这三门学科从表面上看具有差距,各不相干,但是却在本质上拥有一定的关联,而且在大学语文教育当中,也坚持着文史哲整合的原则。文史哲的结合在很多的文学作品当中都拥有十分明显的表现,文史哲整合的原则在语文教育中保持着其重要的影响,只有将这三者有效结合才能够真正体会到历史当中不同文学作品的深刻价值。

在我国的文学发展史当中,文言文承载了众多的文学、史学、哲学内容,这些都是古人的智慧保留的一种形式。而我国白话文诞生仅仅有一个世纪的历史,虽然在近现代发展迅速,却依旧没有文言文发展的时间长。在文言文的作品当中往往蕴含丰富的人生哲理、史实记载和文学的价值。例如,在《诗经》当中,对于我国在当时的社会现象有了正面且真实的描写,这是文学作品在史学方面的价值,而赋比兴等多种表现手法也是中国诗歌在文学方面具有重要价值的经验总结,同时在《诗经》当中也包含着人生和自然界带来的哲学理念。在《诗经·王风·黍离》当中,就有"知我者,谓我心忧,不知我者,谓我何求"这样的人生哲学。文史哲的整合是语言文学发展经历多年而拥有的特性,同时也应当成为语文教学当中所重视的原则。语文教学可以从文学、史学和哲学三个方向入手,三者结合不仅可以提升对教材内容的解读深度,还能够帮助学生培养创新的思维和乐于探索的习惯。

第三节 利用多元化教学培养创新思维

创新思维具有多元性,而在语文教学中,如何运用多元化的教学方法,实施多方面、多层次的引导,有效地实现对学生创新思维的训练,是有待进一步挖掘的一个重要课题。"大学语文课负载着人文教育的重要功能,教学的核心是提高学生的文化素养和培养学生的创新思维品质。作为大学语文教师,应采取各种教学策略,培养学生的创新思维品质。"[1]

在语文课堂教学中,教师如果能对所提问题,引导学生从多角度加以分析、研究、思考,往往可以获得新的发现,这不仅有利于锻炼学生思维的深刻性,而且可以为某些创新提供契机。这是因为多角度的思考,带给学生的是新异的刺激,容易引起学生的探究反射,在大脑皮质的相应区域内引起优势兴奋中心,从而为一些创新思想的产生提供重要条件。创新思维具有多维度的特性,要求教学方式和方法与之相适应,也需要多元化,以充分地满足创新思维培养的需要。

创新思维的培养需要多元化的教学方法,教学方法是师生在教与学的双边活动中为了有效地完成一定教学任务而采用的方式与手段,既包括教师的教法,又包括学生在教师指导下的学法,是教授方法和学习方法的有效结合。语文教师在教学过程中,应根据教学的需要,选用一种或多种教学方式进行教学,较为常用的教学方式有以下几种:

第一,在语文教学中,采用启发引导式学习。启发引导式学习是指学生在教师的启发和引导下,自己分析问题、解决问题的学习方法。对学生进行启发引导是为了学生更好地理解语文,培养创新思维。

第二,在语文教学中,组织小组合作式学习。小组合作学习的教学是在教学实践中,把学生按照组间同质、组内异质的原则分成若干个小组,以小组为单位开展语文实践活动。小组合作式学习是一种团结协作、共同创新的学习,它要求

---

[1] 高海清.在大学语文教学中培养学生的创新思维品质[J].新课程(教育学术),2011(2):248.

学习小组内的成员共享目标和资源，相互依靠，分工合作，共同完成学习任务。在学习过程中，学生不但学会如何与别人合作，而且在相互交流的过程中，他们会获得更多的信息，学到更多的知识，他们的思维会碰撞出更多的火花，这对他们多元创新思维的拓展是非常有益的。

第三，进行自主探究式教学。自主是指自己成为自己的主体，不依赖于他人而做出自己的判断，是主动的行动。在人的心灵深处，都有一种根深蒂固的需要，即希望自己是一个发现者、研究者、探索者。传统语文教学中，学生自己探索的机会少。语文教学需要培养学生对语文的好奇心和探究欲望，重视自主学习研究过程，使学生能够积极地参与语文教学活动，从中激发探究与创作的欲望，进一步培养创新思维。

第二章　多元化课程教学思维的创新

创新思维是运用各种思维形式和方法的过程，大学语文课负载着人文教育的重要功能，教学的核心是培养学生的创新性思维，提高学生的文化素养。本章重点围绕创新思维在课堂教学中的作用、多元化课堂教学中创新思维的营造、多元化课堂教学中创新思维的培养、多元化课堂教学中创新思维的培养进行研究。

第一节　创新思维在课堂教学中的作用

创新起源于拉丁语，包含更新、创造新事物以及改变三层含义，创新思维并不是近些年才出现的词，它是指利用崭新的角度、方法去解决问题的思维过程，而不是保留常规传统，故步自封。创新思维在应用方面具有十分广阔的范畴，创新思维的应用包含事物、方法、元素、环境等多个方面。创新思维是人的大脑对于外界信息接收之后进行的一种反应，创新的灵感来源和能力来源也离不开现实社会。在我们生活的这个社会当中，已经存在形形色色的框架体系和事物，但是如果只停留于现状，就会无法满足时代的变化以及更高更大的需求，创新思维开展的过程从本质上而言也是社会进步和人类思维能力提升的表现。

创新思维拥有两个最为主要的特点：一是独创性；二是变通性。独创性是指创新思维在应用的过程当中会具有与他人不同的特点，每一个人的思维都会有各自的特点，而不是趋同的，在传统的思想根基之上，创新思维展现出了自身独特的魅力。变通性是指对一个问题或者事物进行思考的过程当中，可以不局限于一个思维角度，而是全方面地看待问题。针对一个问题开展思考，并不可以固化地仅仅使用一个思路，这种方式无法带来真正的创新思维，利用变通的方式才能够使思维得到开拓，使生活以及学习当中积累的经验应用到多个问题之上。

创新思维是人类进步的一种表现，如果没有创新思维，那么生产和生活的方式就会一成不变，更加谈不上进步和发展。从人类文明产生开始，创新思维就一直对历史进程起着推动的作用，新的生产方式带来了社会的进步，新的生产关系出现促使社会不断发展。创新思维在历史当中所起到的重要作用不仅反映在史实之中，在当代，创新思维也继续发挥着它的作用。例如，在学术方面，创新思维成了推动学术科研不断进步，并且创造对人类、对社会有价值的成果。创新思维在大学语文当中也起到了重要的作用，在语文的学习过程当中，也能够发现创新思维的存在，创新思维可以帮助学生和老师冲破传统学习方式的束缚，从而探索语文学习更深的奥秘。

作为大学语文教师，首先，要努力学习创造性思维理论，积极主动学习，保持创造性思维的观念、基本形式、基本方法和技术训练，强化教学中的使命感和责任感，树立创造性思维；其次，要努力学习，充分熟悉教材，我们必须通过假期等时间阅读、分析和注释教材，梳理适合创造性思维训练的课程，并从教学目标的确定中引入教学过程的设计、问题的讨论和课堂气氛的调动多角度进行。从新思维的角度来看，应该精心准备，教师应有适当的探索深度，这样教学才有可靠的保证。

一、创新思维在语文课堂教学中的必要性

"大学语文的教育并不单单需要提升学术方面的能力，更是需要帮助学生培养起创新的思维，使得学生能够有效提升自身的思维水平与能力。"[①]大学语文在大学的整体课程规划当中占据十分重要的位置，大学阶段对于文学方面的学习而言是必不可少的，文学与人生之间总是有着千丝万缕的联系。从小学阶段到大学阶段，对于语文的学习都不应该被忽视，语文作为一门语言和文化的综合学科，生活工作乃至学习当中的各个部分都离不开它，语文教学的内容就是帮助学生学习语言文化，帮助学生进行思想的交流。语文教育当中所讲究的听、说、读、写、释等能力，为学生在其他学科的学习过程当中也提供了基础，所以语文被称为工具学科。在大学语文学习过程当中，除了对各项语文基础知识需要具有

---

① 侯丹.大学语文创新教育研究[M].长春：吉林人民出版社，2020：56.

深厚的掌握能力，同时创新思维也是大学语文学习当中必不可少的一部分。

在大学语文的教育过程当中，创新思维能够有效帮助学生提高语文学习兴趣。大学教育阶段，学生对于学习的兴趣经常会受到各种因素的影响，很多学生在经历高考之后对于学习的态度变得懈怠，在大学阶段忽视了认真学习的重要性，进而导致学习质量下降。同样被忽视的还有大学语文的学习，学生在语文课堂上以及课堂作业完成方面一旦具有消极的态度，都会使这门科目本身的价值得不到有效的发挥，同时也是对教育资源的一种浪费。教师在教学过程当中，通过多种手段培养学生的创新思维，学生自身也需要意识到创新思维对于能力提升的重要性。在课堂上教师传统的授课手段仍旧停留在灌输式的教育，这种教育方式对于学生而言无异于是一种单向输出，不能调动学生的学习兴趣，同时还会导致学生对于这门学科失去好奇心和探索心。缺乏创新思维的课堂变成了思想的终结地，没有思想的碰撞与知识的交流，课堂仅仅成了学习生涯当中生硬的形式，丧失了其本身的意义。

创新思维对于大学语文教育的重要性还体现在消除历史习俗以及传统文化当中消极因素对于大学语文教学所产生的不利影响。语文学习的内容涵盖了我国的古代文学、现代文学，丰富的学习内容当中所蕴含的知识种类和数量都十分庞杂，而开展语文学习时，需要注意的一点是能够积极面对其中的优秀内容，摒弃消极的部分。例如，在学习古代文学的过程当中，创新思维可以帮助学生们吸收其中优秀的部分，而不是将思维也固化在传统的文言文、八股文当中。文化是一个时代的见证，也是一段历史的反映，创新思维是提升语文学习质量的推动剂。创新思维在大学语文的学习当中能够有效地针对教学模式的封闭、思维模式的僵化等产生重要的影响，帮助学生立足于书本的同时，将眼界扩展到别的方向。

学生在大学语文学习时，不仅仅需要学习各种学术方面的知识与技能，更需要的是能够建立起自身的思维框架体系。创新思维的培养有助于提升学生自身的思维能力和探索能力。创新思维对于学生而言也是一种学术探索并映射到自身能力提升上，缺乏创新思维的大学语文将无法有效地为学生和教师带来真正的提升，创新思维的匮乏也会导致大学语文的教育僵化，停滞不前。大学语文教学效率过低的窘境在当下已经不少见，而这一根源也正是由于教师在教学过程当中对于学生创新思维缺乏重视和培养，学生在学习时，教师所传授的应是语文的一部分，更多的内容需要学生自己加以探索和创新，只有这样才能保证语文教育的积极性及活力，才能保证学生在经历大学生涯之后可以有效提升自身的语文能力，以及对于语文的了解程度。

大学语文学习阶段，教师和学生两个主体需要共同促进创新思维的培养，深刻认识到创新思维对于大学语文教学的重要性。勇于发现问题和提出问题是所有优秀人才必备的素质。因此，我们需要唤起学生的好奇心，帮助学生找到学习的关键，这是创新的起点。提问是一种从已知到未知的心理表达，它是创新意识的具体体现。在教学中，应注重引导学生在实践中学习提问的基本方法。

二、创新思维在语文课堂教学中的职能

创新思维在大学语文教学中的职能，可以体现在语文教学的德育职能方面。大学生在大学期间进行学习时，德育是十分重要的一部分，大学语文课程针对学生对于世界的认知和了解程度进行了深化，德育在大学语文当中所扮演的角色也是不可或缺的。德育从广义上而言，是针对社会成员开展有目的的道德影响和道德教育，但是就学校而言，学校的德育主要是指教育者有目的性地对受教育者开展思想、政治以及道德等方面的影响。

在大学语文学习的过程中，德育成为最关键的部分之一，离不开教育内容的规划。我国的教育事业发展伴随着社会的进步也在不断进步，并且在德育的推广和延伸上也取得了一定的成绩。无论在学习的哪一个阶段，缺乏德育教育，对学生而言都会无法培养出健全的人格和良好的品质。就德育工作的发展现状而言，我国的德育工作已经取得了一定的成绩，并且在迈向更好的发展阶段，但是如何提升德育的质量，以及更好更有效地开展德育工作，离不开创新思维的培养和应用。作为大学语文教育的首要目标之一，大学语文必须坚持的就是德育为先，而创新思维和德育之间的关系也是密不可分的。

创新思维在大学语文教学当中发挥出的德育职能，能够有效提升学生对于自身道德修养和各种责任意识的认知，并且帮助教师开展有效的教学活动。在大学语文教学内容当中，能够充分体现出德育的内涵，在语文教材当中的各种文章，或是饱含忧国忧民思想的诗词，或是慷慨激昂催人奋进的现代文，或是记录了传统美德的故事，都能够为大学生带来感悟。教师通过讲授可以立足于语文教育的基础，帮助学生利用创新的思维去看待学习的内容，并且能够有效结合创新思维提升自身的文化修养。学生在教师的帮助下，也使自身将文学作品当中的内涵进行了升华，从而锻炼了自身已有的创新思维，实现了更加重要的价值。

创新思维还能够帮助学生提升自身的交际能力，这也是创新思维在大学语文当中的重要职能之一。大学语文是一门工具学科，语文的学习离不开其在生活当中的应用，没有应用的语文也就不能体现出实用的价值。语文在学习和应用的过程当中，教师与学生结合创新思维，才能够有效地提升自身的交际能力。例如，在生活和工作当中，对于各种格式的信件、文件书写等，都离不开语文的基础知识，同时也必须具有一定的创新思维，才不会让书写的内容和格式传统老套，这也能够成为在工作当中凸显自身能力的一个要素。创新思维在应用的过程中，发挥出了其在帮助学生提升交际能力方面的重要职能。

创新思维还能够有效帮助学生获得多元的文化思维。文化的领域是浩瀚无垠的，只有拥有多元的思维以及广阔的眼界才能够真正地成为一个具有内涵和深度的人。语文学习的过程是一个积累经验、巩固基础的同时也需要提升自身创新意识的过程，学生在教师的辅导下提升自身的创新意识，这样才能够拥有广阔的眼界，使自身对于语文的理解和兴趣并不会仅仅局限于书本当中，而是将目光转向广阔的领域。语文学习只是文学领域的一部分探索，而真正的文学和知识领域则需要创新意识和探索精神不断挖掘。

第二节　多元化课堂教学中创新思维的营造

多元化课堂教学中创新思维的营造，可以从以下几个方面着手：

一、营造民主的教学氛围

在大学语文多元化课堂教学中，最好的办法是避免这种只解释段落、中心思想、词汇等僵化的知识，而忽视学生感受的教学氛围。因此，调动课堂气氛，创新教学内容，增加生活实例分析，结合教材内容，以及学生生活实际，是提高学生兴趣的重要途径之一。例如，在解读柳永的《少年游·参差烟树灞陵桥》这首词时，首先，可以教他们一些灞桥的历史，甚至引导学生去感受河两岸的青柳烟雾，使学生有更深刻、更身临其境的感觉。其次，让学生通过小组讨论参与课堂互动，提高学生的分析能力和团队合作能力，调动大学语文的课堂气氛。尽量把上课时间交给学生，引导他们阅读、讨论和发言，让他们积极参与、交流、合作、开展小组活动，让学生参与课堂。如果学生有参与意识，他们可以打破单调的课堂。因此，学生可以以小组划分和小组讨论的形式参与课堂，讨论一种文学现象、作者的思想和文章风格。最后，每个小组选出代表来显示小组讨论的结果，并实施奖励积分。

此外，需要更多的师生互动，调动大学语文课堂学习氛围，师生互动有助于营造民主的课堂气氛，是构建新型师生关系的重要步骤。教师在教学过程中要保持微笑，和蔼可亲，应该自然、大方、冷静，随时与学生保持目光接触，以真情实感感染学生，营造和谐的教学氛围，积极与学生交流，真正实现师生互动。教师还可以根据课程的需要安排辩论、演讲比赛和诗歌朗诵，教师也参与其中，作为参与者或评委的一部分，激发学生参与的积极性，锻炼他们的口语能力，提高他们对大学语言学习的兴趣。

经过大学语文课堂气氛的一些尝试性改革，学生对大学语文学习的兴趣会有很大的提高，学习的自觉性也会有很大的提升，不再是以往的完全被动式学习。大多数学生可以从学生的课堂实践中欣赏诗歌、文字、文章等作品。学习汉语，写作实践是必不可少的。评价优秀学生作品无疑是调动大学语文课堂气氛的很好方式，在学生的作品被评价之后，学生能够更加清楚地认知到自身的不足与优势，因此可以有效地对自身能力开展针对性提升。教学活动结束后，可以要求学生模仿教学内容或部分评价内容，进行相应的写作练习，巩固学生的写作能力。例如，在唐诗和宋词的教学中，指导学生模仿自己喜爱的诗人或诗人的写作风格，在课堂上创作新的作品，在下一堂课上展示优秀的作品。

语文课堂上拥有的良好训练氛围，成为提升学生自主学习意识的重要原因，改革的有效之处在于提高学生的写作能力。在学习优秀的诗歌、文字和创作之后，学生可以根据自己的兴趣创作诗歌，积极地作出贡献。一些学生对小说感兴趣，就应该开展小说专题学习与讨论，引导他们自己"试水"，进行小说创作。总而言之，良好和谐的课堂气氛是对美的一种享受。调动语文课堂气氛的新尝试，如现实生活、小组讨论、师生互动、课堂展示等，可以使学生和教师建立良好的课堂关系，调动学生学习语文的积极性，提高他们的写作能力，让学生相信他们的学习方式。

二、多开展语文沙龙活动

沙龙活动原意是指在上层人物的客厅当中开展一些文化和艺术的交流，欣赏艺术作品，但是这个概念在发展过程当中也逐渐拥有了新的内涵。语文沙龙活动实行"上课—说课—评课—讲座"的顺序，每位教师积极参加听课、评课活动，切实解决好课改中遇到的疑难杂症。为了提高沙龙活动的实效性，可以邀请一些具有一定经验的教师开展。在语文沙龙进行的过程当中，语文沙龙的目的必须能够得到有效的贯彻落实，语文沙龙是为了能够有效提升学生的语文学习能力，并且在教师指导之下能够体现出创新的思维，为创新思维打造一个交流和发展的良好平台。

在语文沙龙活动当中，仍需要注重的一点是要能够保证学生在沙龙当中的主体地位，学生不同于教师，教师具有丰富的经验，以及阅历带来的自信，学生由于没有进入社会，因此对于一些事物的认知较为浅显，往往会在沙龙当中显现出一些不自信或害怕，这时就需要教师帮助学生克服恐惧的心理，并且帮助学生大胆说出心中所想，帮助一个班级甚至是一个专业内部的学生开展有效的交流。文化沙龙除了对于学生能力的提升有帮助外，对于一个良好学习氛围的构建也有十分重要的意义。学生参与文化沙龙时，进行思维的碰撞，其所拥有的创新思维得到了更加广阔的探索空间，并且可以和其他人产生交流，这样一来也更加便于学生在思维的高度上得到提升，良好的氛围也能够带动一个专业、一个学校内部的学习积极性上涨。

饱满的激情能帮助学生们在知识的海洋当中探索与遨游，在已有的自身学习基础上，与他人进行思想的碰撞，产生新的思维。学生学习并不是一个封闭的过程，利用文化沙龙的形式才能够真正地促使学生开展创新思维的应用，创新思维在交流和融合当中得到发展，而学生自身的能力也在其中不断地增强。这样能够真正体现出创新思维对于大学语文教育的重要作用，教师也能够更加有效地发挥出自身的指导地位，帮助学生成为学习活动的主体，帮助学生培养创新思维，塑造健全人格，也能够提升自身对于语文教学的一个深刻认知，同时更加能够帮助学生和教师之间的关系更加密切。

三、积极创办文学类社团

社团活动有助于提高综合素质，所谓素质，就是一个人在社会生活中思想与行为的具体表现。个人的智慧和气质是品质形成的起点。外部世界的直接经验和间接经验是素质发展不可缺少的诱因和物质。在加工外部材料的过程中，主体逐渐建立起自己的认知结构、情感结构和行为模式，最终以能力和价值的核心内化为个体素质，并与人格特征相融合。个人对待特定事物的态度与处理特定问题时所运用的知识和技能是语文能力和素养的外在表现形式。个人对特定事物的态度以及对知识和技能的运用，是素质的一种直观体现。组织的特殊培训是学生语文素质能力培养的重要影响要素，在重复训练中，学生形成了一定的气质或个性，这是社团活动对提高学生个人"素质"产生的作用。知识和技能的使用是素质的外在形式，这是从静态的角度看的。事实上，"知识与技能的运用"是素质形成的重要途径。实践是"真知识""行为形成素质"，社团活动的重要价值是促进学生素质的形成。

学校文学社团的建立，可以为学生创造良好的创作氛围，激发学生的创作兴趣，提高学生的创新能力，有利于推进素质教育和创新教育。它不仅可以为学生个性特征的发展提供广阔的舞台和空间，还可以培养学生的创新意识和创新能力，提高学生的写作能力和审美能力。学校竞争越来越激烈，有压力，会有更多的学生利用各种有形和无形的方式来提升自身的能力。如果因为学生的学习不好，导致教师对于学生的评价不高，那么首先教师应该对学生进行一个客观性的综合评价，保证除了成绩以外还能够考查其他部分。例如，学生在文学社团组织活动中的表现。创办文学社团组织，是帮助教师更加了解学生的一种重要手段。

四、自办语文学习类报刊

在多元化课堂教学中，语文教师应该善于引导学生拓展课外阅读，学生应该允许在两耳中读书，同时坚持"在不同的地方读书"。我们不仅要按照课程标准完成名著的阅读，而且要坚持每周开放课外阅读，把名著和报刊推荐给学生，或是欣赏书籍，或是在自己的书上旅游。学生可以理解作品，欣赏作品中的佳作。此外，学生还应该通过各种其他方式积极地开展课外阅读，如设置报刊、上网、看电视等，当然都是可以实现的，也可以选择阅读。

通过阅读更多的书籍和阅读好书，我们可以养成良好的阅读习惯。因此，除了教材以外，自办语文学习报刊也是提升学生语文学习水平的一种有效举措。语文课堂的空间毕竟有限，课本范围受到限制，学生的视野不能看得更远，因此要让学生充分感受到生活处处皆语文，向更广阔的天地延伸。那就是通过阅读课外的报刊书籍，领略一片更广阔的景观。

作为语文学科，所选的课文内容丰富，经典规范，但数量有限，如果想在思想上培养学生的人文精神，提高学生的文化素养，就必须保证每天读更多的课外文章，补充更多的知识养分。报刊应列为首选。自办语文报刊的意义在于，学生能够自己动手搜寻资料，并且排版印刷，保证语文报刊的办理出版印刷全过程是由学生完成，提升他们对于语文报刊的了解。要让学生把语文学好，语文学习类报刊的作用是很大的，可以让学生对语文知识充分地吸收，使学生身心健康，积极向上，文思敏捷。自办语文报刊过程中，无论是撰写稿件的学生、负责排版的学生，还是负责印刷下发等后勤事宜的学生，都能够得到有效的锻炼。

在语文课堂教学中，培养学生的语言素养也是培养创新人才的需要，拥有丰富知识和经验的人比只有一种知识的人更有可能产生新的联想和独特的观点。语文教学要强调学生的发现和创新的发展，勇于提出自己的观点。在积极主动的思维和情感活动中，我们可以得到一种独特的感受和体验。语文教师不仅要有意识地引导学生在课堂上学习其他学科的语言，而且要把知识应用到其他学科中去，从而使所有的学科都能学习。也就是创办语文报刊的方式，还可以成为其他学科学习的启发，学生创办各个科目的报刊有助于提升学习认识的渗透和综合性了解。教师也应该有意识地引导学生进行课外语言学习，如收听电视广播、讲故事、阅读报刊、写日记等，关键在于大量的课外阅读，提高学生的观察力、想象力和独立思考能力，培养学生的创新精神和实践能力。

五、创建语文学习的网站

多元化课堂教学需要改善师生沟通环境，通过资源共享实现师生、学生交流的目标。例如，在部分教学的扩展中，要求学生写一些关于环境保护的短文，并发表在互联网上，互相分享。然后教师指导学生阅读学生所写文章，帮助学生使用不同的字体和颜色来修改它们，激发其语文学习的自觉行动。教师还可以使用腾讯QQ群等多媒体工具，为学生、教师和学生提供典型文章，共同讨论和编辑，欣赏优秀作品。此外，在网络平台举办论坛，让师生、生生之间形成互动。教学结束后，组织学生在校园网论坛上讨论社会热点问题，这是一个开放性交流，不受时间和空间的限制，它可以进一步激发学生的主体意识和独立的思维精神。

教育主题学习网站是教育活动的网站，显然，专题学习网站离不开这个基本功能或任务。主题学习网站是一个以资源为基础、学习为基础的网站，它的内容与一个课程或一个或多个学习主题密切相关。专题学习网站是一个专注于一个或多个课程和与课程紧密相关的学习主题的资源学习网站，它可以用来存储、传输和处理教学信息,还允许学生自主学习和协作,并在线评估和反馈学生的学习情况。

主题学习网站,通过创设一系列贴近实际的情境、问题和主题,让学生通过合作、交流和互动来探索和研究一门学科,从而获得对学科的一种特殊认识,即知识结构的形成。主题学习网站虽然是对特定主题或单个主题的认知探索,但主题学习网站或资源的内容不是单一的,它包括与主题和渠道相关的各种资源,如与文本相关的文本、图片、音频和视频。此外,内容的形式也可以改变,它可以是一个科学理论的总结或者一个案例的经验总结,只要它能服务于一个主题的进一步发展,就可以看作是一个主题的收集。当然,内容必须科学合理。

第三节 多元化课堂教学中创新思维的培养

"素质教育要求实现学生的全面发展,而学生创新思维和创新能力培养是目前教育实现的目标之一,创新思维和创新能力也是新时期人才必备的成功要素。在大学语文课程教学中通过有效的教学实践实现学生的创新思维和创新能力培养很有必要。"[①]当前,大学语文教学面临改革创新,通过创新的教学模式和方法应用,可以不断培养学生的创新思维和语文素养。多元化课堂教学中,要实现学生创新思维能力培养,可以从以下几个方面进行:

一、提高自主探究能力,开展合作学习

大学语文中的教学内容相对于以往的语文学习不同,其难度和深度增加了不少,很多大学语文教师选择在教学中给予学生更多的自主学习、自主探究空间,让学生通过在自主学习框架的构建中,发现语文学习的规律,掌握语文学习方法,形成语文思维,促进创新思维和发散思维的培养。

例如,在大学语文公开课教学中,为了充分发挥学生语文自主学习的积极性和主动性,教师没有带领学生进行课程学习,而是让学生自主研究学习,将学生划分成若干小组,每个小组负责不同的探究任务,有的小组分析文章故事的发生背景,有的小组负责文章中典型人物的行为和思想分析,有的小组负责故事发展

---

① 董军.大学语文课堂教学创新思维的培养分析[J].当代教研论丛,2019(1):34.

的分析。学生们根据上下文理解给出不同答案后,小组讨论随即展开,小组成员对其任务进行说明总结,最后给出最终研究成果,再由教师全面给出指导。这一过程中,教师充当监督者和指导者的角色,对于小组实施适当的帮助,有效地提升小组自主学习效率。

让学生自省而非教师强加,这样的课堂形式有助于学生思维品质的培养,使其形成自己的理解。这种教学模式中,教师首先要在课堂接纳学生,与学生站在同一高度,倾听学生的心声,课堂应该是一次"发现之旅",教师在课堂中抛砖引玉,学生的智慧得到老师的认可,思想上有交锋。这样的语文课堂带来教育目标和学习方式上的转变,由教师单向传授知识,变为了显著提高学生自主学习能力的模式,促进学生在自主探究中实现创新思维的培养,并能够将此能力迁移到新问题、新情景中。

二、创新课堂教学形式,实施微课教学

当前在高校的语文课程教学中,依然存在一些传统教学元素,对于语文教学有一定的限制和约束作用,大学语文教学受到的时间和空间限制比较多,不利于学生创新思维的培养和创新能力的提升。对此,高校要不断研究和运用创新的语文教学形式,以新型的课程教学方式不断激发学生的语文学习热情,开阔学生的语文学习眼界,增广见闻,让学生的语文基础不断强化,为培养创新思维奠定良好的基础。目前,微课作为一种高效的课程教学方式得到了越来越广泛的应用,微课教学不仅是语文课程教学形式的创新,更能为学生带来全方位的知识学习体验,帮助他们开展自主学习研究,让翻转课程的语文教学模式得以实现。此外,微课以短小精悍的课程教学资源,实现了时间和空间的突破,提升了学生的学习效率,通过优质的微课资源学习,学生能够对同一课程有更多的了解和认识,加深对于课程知识的理解,培养创新思维,提升创新能力。

三、进行情境教学,创设语文有效情境

情境教学法是目前高效的课程教学方法之一,通过创设有效的问题情境,让学生自觉地进入某个情境中,让学生设身处地地进行问题的探索,获得独到的见解。在高校语文课程中开展情境教学法,能够有效培养学生的创新思维,引导学生思维不断扩展。当然,情境教学方法实施的前提是教师能够创设有效的问题情境,通过将课程教学内容和情境有机融合,让学生自觉进入情境中,自主探究问

题的答案,从而在探究的过程中不断强化思维,培养创新能力。不管是应用哪一种创新的语文课程教学方法,教师都要发挥有效的引导作用,让学生的创新语文学习过程更加轻松顺利,语文学习更加高效。

大学语文课堂教学中,教师通过有效的课程教学设计和创新,对于学生的自主学习能力、创新思维和创新能力进行引导和培养,不仅能够取得良好的语文课程教学效果,而且能促进学生创新思维和综合素养的提升。因此,在大学语文教学中,要注重打破传统的教学形式束缚,积极开展多样化的语文教学活动,增强语文教学的创造性。

第四节 多元化课堂教学中创新思维的策略

一、多元化课堂教学中培养语言的想象思维

想象对于学习而言,无异于是为到终点开辟了多种新的道路,想象思维的培养也是大学语文教学当中培养创新思维的有效手段。想象思维对于创新思维的培养乃至整个大学语文的学习具有十分重要的意义,因此,大学语文学习也必然离不开想象思维的认知、构建和应用。只有转变观念,在语文教学的各个方面贯彻启发式原则,培养学生的想象力,才能真正贯彻素质教育的精神,提高语文教学的质量,培养创造性人才。想象是在头脑中创造新事物的过程,或是根据口头语言或文字的描述形成相应事物的形象。它是人类最基本的心理活动,是在原有感性意象的基础上创造新形象的心理过程。在生活实践中,人们不仅可以感知到当时发生的事情,而且可以回忆过去不在眼前但又经历过的事情,并能够形成自己从未经历过的事物的新形象。在其他人的描述基础上,根据自己现有的知识和经验,利用语言或文字描述形成相应事物的图像。

想象是人们的固有能力,想象力在我们的头脑中建立了"另一个世界"。人们可以想象另一种可能的历史,想象乌托邦的道德社会,可以沉浸在幻想的艺术中,回顾过去所做的事情,想象未来可能会发生的事情,这种对于想象力的十分机械化的理解最近也得到了心理学上的计算机模块理论的印证,根据这个理论,人类的思考是有固定的程式的。在语文学习过程当中,想象力的地位也是十分重要的,如果缺乏想象的思维,那么语文对一个人而言就成了死板的印象,语文的

美感以及其散发的独特魅力就会无法为人所知。

在历史的长河之中，语文想象力的作用发挥得淋漓尽致。例如，在我国历史当中的神话故事创作里，想象思维就发挥了很大的作用，神话故事当中的各种人物、情节，无一不来自劳动人民丰富的想象空间，并且构建出了一个完整而又神圣的东方世界。仅以我国四大名著之一的《西游记》为例，通过神奇的想象逼真再现了唐僧取经路上的磨难与艰辛，还有天宫与地狱的神奇魔怪，把人的精神世界展示得淋漓尽致，显示出文学的无穷魅力。

想象思维本身其实并不是一个遥远陌生的概念，它存在于我们的身边，并且很长时间以来影响着我们的生活。想象力是一个人从小就已经具备的能力，小至儿童玩具，大至飞机、轮船的发明，这些都离不开想象思维的作用，想象思维对于创新思维而言必不可少，并且十分重要。想象思维是建立在人对于现实的基础认知以及自身的想象能力应用之上的，因此在大学语文的学习当中，学生如果想要培养创新思维，也需要从想象思维的方面着手，这样可以帮助其在很大程度上拥有更好的思维创新能力。语言想象思维必须保证学生可以拥有对于周边事物的感知，帮助开展语文的思维拓展，这样不仅能够提升语文学习的能力，而且还能够有效帮助自身拥有更加深厚并且有效的想象能力。

二、多元化课堂教学中培养文学的联想思维

文学拒绝直接表达理性思维，文学不需要判断和推理。无论是接触场景，还是观察、思考事物，发人深省还是突然开悟，都要看具体情况。对象的形象客观存在，它一旦被人们感知，就会给人以感觉和思想，客体形象不再是客观的，它成为情感和思维的文学形象。对象之间没有逻辑连接，没有逻辑上的联系，物体之间的关系是物理的和自然的，图像是非逻辑连接。这种非逻辑的联系整合了人类的情感，表达了人们的灵感和洞察力。联想思维的非逻辑性，只是不符合生活表面的逻辑，其实正是事物与情感的深层联系，所以显得合情合理。

文学创作依赖联想思维传达情感和意义，与逻辑推理、逻辑论证和逻辑判断相比较，简洁明了。联想思维的影响不是说服，而是感染，它比理性的说服和论证更强大、更长久。当一个作家开始写作时，他常常觉得自己没有可写的，其中一个重要的原因是视野不够开阔，无法写作，缺乏联想思维导致文学创作过程受阻。传统的写作理论往往认为作家的生命积累和阅读积累是不够的，这种观点不

完全正确，作为一个有一定阅历和阅读经验的成年人，积累了知识和经验，造成上述写作困境的原因是思维不活跃。因此，加强对发散联想的训练，可以拓宽视野、拓展思维，充分调动写作中知识和经验的积累及记忆，进行多向、多角度、多层次的联想，并举一反三，由一个编撰新颖的主题，引出一篇优秀的文章。根据不同类型的文章，可以运用不同的发散联想来挖掘材料和情节，并进行良好的思维品质训练。

虽然反向联想有助于突破思维的枷锁，提炼新思想和新思想的主体，还可以培养思维的独立性和批判性，但要使这种思维训练和写作应用达到理想的效果，我们也应该注意实事求是等问题。这就意味着我们的思想，首先要从实际出发，尊重事实，尊重事物发展的客观规律，不能因为求新的差异而使结论偏离客观真理和客观规律；其次要运用辩证思维，一些人更倾向于片面地看待问题，因为他们的生活经验有限，思维简单；最后要善于比较分析，即在分析、比较、认同和选择的同时，或以同样的方式寻求相同的，或找到最好的观点，写文章时如果将思维局限于一个方面，无法有效发散，就会造成文章内容的僵化。

隐喻是联想思维中相似联想的体现，对比修辞是联想思维中对立联想的体现，是联想和在联想中的体现性思维，如修辞、引文修辞和转喻。通过这种认识，学生的语言表达能力和思维能力在经过一定的训练后有所提高，这正是因为想象在写作中发挥了重要的作用。在作文训练中，培养学生的理性想象力是非常重要的。文章中反映的客观事物，一般都是来源于生活的现实，并在此基础上被升华。文章是客观事物在客观思维中的反映，即作者观察客观事物，通过思维思考，以语言的恰当形式表达客观事物。阅读教学是分析文本的语言，引导学生想象文章中表达的客观事物。我们不仅要想象生活中的文章，还要想象文章中的生命最初的样子；我们不仅要想象文章中反映的客观事物，还要想象作者对事物的思维过程；我们不仅要学生想象作者直接看到的东西，还想象作者的想象力。学生从创作的角度理解作者写作过程的想象过程，知道如何想象，这才是大学语文教育所追求的目标之一。

三、多元化课堂教学中培养写作的多元思维

人的知识是以感性为基础的，通过思维过程，大脑中的认知过程突然发生变化，从而导致多元思维的产生。人们把握事物的本质，理解事物的规律性，在这

个过程中，思维的深度在于深入思考，把握事物的规律和本质。我们通过事物的表面现象了解事物，了解事物的本质和事物之间的本质关系。只有这样，才能真正理解事物。因此，培养学生的深层思维有着重要的意义。培养学生思维的关键是采取措施，使学生的思维从外到内，循序渐进。这就要求教师设计的教学措施要以思维的深度为导向。因为学生没有进入社会，他们的生活经验是有限的，有时他们看不到足够的问题。普遍接受理论体现了实践检验的普遍性和科学性，它是人们理解事物的思想武器，有助于人们理解事物的本质。

因此，在多元化课堂教学活动中，我们应该教会学生使用一些公认的理论来理解事物，这可以培养学生的思维深度。所谓多方向训练，就是培养学生多方位、多角度、多层次地思考问题，寻求对问题的正确认识，寻求各种正确的解决问题的方法。多向思维训练的目的是培养学生在短时间内产生各种正确思维的能力。这种训练不能满足于已经找到的正确答案，而是在此基础上，我们应该继续寻找新的正确答案直到最后。

在语文教学过程中，教师要有意识地培养学生的决断力，不妨改变学生回答问题的方式。一般情况下，教师先提出问题，留出一些时间让学生思考，学生在基本了解问题并产生自己的想法之后，举手回答问题；然后老师点名，学生回答。这样，问题和答案之间就有了更大的灵活性，学生也有了缓冲过程。如果学生想回答，就可以思考并举手；如果学生不想回答，也可以慢慢地思考；如果想不起来，那也没关系。为了培养学生的思维能力，从而逐渐培养学生的思维敏捷性，答案的形式可以变成：一些学生站起来准备回答，然后老师突然抛出一个问题，让学生立即回答，看谁回答得快且准确。这种回答问题的方式是一个快速的过程，学生的思维敏捷可以得到充分的反映和训练。

四、多元化课堂教学中培养艺术的鉴赏思维

欣赏本质上是一种审美能力，在发展过程当中人们保留不同的审美情感，并且主要表现在对美的理解和评价，接触某种生活的美好事物的形式和内容都会对人的艺术鉴赏思维产生触动。美学思想的思维观一旦触及事物的形式和内容，审美环境就会激活审美思维，每个连接和元素都应该在交互评价中进行。因此，就语文阅读教学而言，为了鉴赏操作与设计，描绘审美主体的艺术形象能力至少应包含以下两个方面：

第一，欣赏审美主体的审美形象。欣赏主体应具备把握艺术美的整体魅力的

能力。在学生的脸上也包含了审美思想的审美再创造的主体，有一对艺术形象，然后开始形成自己的大脑的"发现"的乐趣和提升。其实，正是这样，欣赏过去积累的生活经验和情感体验，最终实现了情感的认同，是一种新的整合。

第二，审美愉悦与审美理想相联系，使艺术在艺术的形象中，是审美思维的表达。同时，升华只是一种新的审美意象，它已经成为审美思维的新体验和组合，它在头脑中有完整体验。审美思维是艺术形象的快速特征。艺术形象可以为观察和改造审美形象到欣赏主体提供催化剂，可以唤起对审美体验和理解的想象空间。由此可见，培养学生审美思维的关键在于增强学生对新的审美思维的积累和鉴赏能力。

在日常教学中，对一些学生甚至一些教师的知识有两种认识误区。一是强调知识的重要性，以知识为学习的目的，以知识为研究对象；二是强调具有创新精神的审美与鉴赏。通过学习与探索，我们获得了具有自身特色的思维方式，并且在结合了创新的精神之后，往往可以针对一些文章、作品产生不同的见解。只有保证了艺术鉴赏思维的创新性，才能够有效促进艺术鉴赏的发展。

五、多元化课堂教学中培养逻辑思维与能力

与学生逻辑思维能力的培养和丰富的研究成果相比，目前有关语文课堂上大学生逻辑思维能力培养的研究相对较少。在语文教学中，对学生进行最基本的听、说、读、写训练，这四种能力是由语言能力和思维能力决定的。因此，语文教学中应重视语言和思维训练。要体现语言的核心作用和思维训练，关键在于处理好语言的训练和思维训练之间的关系。就一般要求而言，我们必须防止与思维训练分离，单独从事语言训练，有必要从语言训练中防止偏差训练，有机地结合这两种训练。

语言训练与思维训练相结合的原因是，学生的思维集中于语言的发展需要扮演的角色。例如，学生作文中单词或句子使用不当的问题是形式上的语言问题，同时也是内容思维的问题。一个学生不能正确理解和应用这个概念，就不能对事物做出逻辑判断。事实证明，学生的语言总是遵循他们的思维发展和向前发展。如果我们不重视思维训练，学生不仅会受到思维的发展的影响，语言的发展也会是不健全的。因此，在语言训练中应做好思维训练，并将两者有机地结合起来。

思维训练在语文教学领域中非常普遍，并不少见。问题在于，这种教学活动

自觉和不自觉地发挥着不同的作用。如果有一种思维训练，在课堂上做这种活动时，要有意识地对待教材和学生的实际情况，适当地传授思想知识和传授一些思维方式，并保证学生可以将这些思想和思维方式应用到自身的学习实践当中。由此可见，作为一名语文教师，在语文教学过程中具有增强思维训练的意识是非常重要的。运用逻辑知识提取学生积极的逻辑思维，是提高作文教学质量的重要途径。

　　总而言之，提高思维能力是多元化课堂教学的重要责任。因为语言和思维是形式与内容的关系，我们必须在很大程度上提高语文教学的质量，必须把逻辑常识渗透到语文教学的各个环节，逐步普及学生的逻辑常识。语文是一门实践性很强的学科，语文学习的质量直接影响其他素质发展。因此，在语文教学中应做好学生逻辑思维能力的培养。从根本上看，学生要依靠语感来发展语言文字交流和对话。听、说、读、写有助于学生理解自己的思维规律，学会正确地运用自己的思维规则，理顺语文课程中的逻辑思维和形象思维。逻辑思维不同于直觉思维和形象思维，它可以直接形成灵感和顿悟，但它是创造性思维过程中不可缺少的思维形式。

第三章 应用多元化教学模式对课程教学进行改进

第一节 教学情境多元化

语文教学目的应该是多元的，既要有传授语文基础知识的诉求，又要有培养写作能力、文学作品鉴赏能力、语言表达能力的功能，同时还要有人文素质培养的使命。由于教学目的存在多元性，因此语文要以培养学生汉语综合运用能力与综合实践能力作为目标。

以教育新理念为指导的语文情境教学，可以使学生多方面能力得到综合培养，有效激活学生已有的知识储备，并且激发其自主建构新知识体系的热情，对实现语文培养目标的多元化具有重要的促进作用。

一、教育新理念对语文课堂情境教学的启示

语文演讲情境教学，不同于一般课堂上临时创设的情境，而是一项系统工程。因此，必须认真做好准备，在每个环节力争渗透教育新理念，才能高屋建瓴，事半功倍，收到预期的教学效果。

（一）渗透建构主义知识观到写作过程中

建构主义的认知中，知识不是认知世界的唯一答案，只是人类认识世界的阶段性成果，学生在依托自身已有的知识和经验基础上进行知识自主建构。学生因为要撰写演讲稿，所以有了学习演讲稿写作知识的动力，会自觉调动已有的知识储备，进行写作前的准备。在这个阶段，教师的工作就是引导学生主动了解演讲稿的写作知识，随时解答学生在认知过程中遇到的问题。

（二）以建构主义学习观为指导进行选题

演讲稿的选题只规定演讲的主旨，允许学生进行个性化的确定。演讲稿的内容和范围应与大学语文的教学目的相结合，体现学生语言文字的综合运用能力，体现人文精神，表现积极向上的正能量。选题可以让学生根据自身的生活经验和已有的知识储备自己拟定。

建构主义学习观的认知中，学生带着已有的生活经验、知识积累、兴趣爱好等走进课堂，面对新知识。因此，给学生个性化选题的权利，会调动其学习兴趣，激活已有的知识储备，培养自信，提高写作和口语表达能力。

（三）依据多元智能理论制定评价的标准

学生的演讲成绩不能笼统评价，不能以分数定高下，而应该将演讲各部分内容分解赋分。例如，演讲稿主旨是否明确；逻辑是否严谨；是否具有理论深度；是否流畅通达；是否具有感染力；演讲者着装是否得体，表情与态势语是否得当等。

在多元智能理论视角下的语文课堂，其对于学生能力的评价，不应仅局限于语言智力、数理智力上，还应该观照到学生的节奏智力、运动智力、空间智力、交流智力、自省智力、自然观察智力和存在智力等多方面的智力因素。

多元智能理论对教学的启发：①树立科学的智力观，正视智力的多元性，全面深刻地认识学生；②树立乐观的学生观，从更广阔的方面发现并识别学生的独特才能，相信人人能够成功；③为了每个学生的发展，提供支持性的学习环境，开发每个学生的智能和潜能；④立足于多元智能的多元素养，树立因材施教的教学观，开展个性化教学；⑤形成多元多维的评价观，评价的内容、评价的方法等应是多元的，真正发挥评价的作用，促进学生的发展；⑥针对不同智能的特点，设计受益人教学策略；⑦通过多元智能而教，构建多元切入的教学策略。

学生在演讲中，不可能各方面都表现得完美无缺。因为个性化的生活经历和兴趣爱好，学生可能在某一方面有长处。分解打分的目的是运用多元智能理论肯定学生某一方面的突出才能，起到激励作用。对于参与演讲的学生而言，虽然可能总分不理想，但某一个环节、某一个方面得到肯定，也是一种激励，对其学习成长也有促进作用。评价标准制定后要组织学生讨论，征得学生的认可。学生清楚哪方面会获得好评，就会在哪方面加倍努力，争取在演讲中获胜。

二、学生主体地位理论在情境教学中的作用

课堂实施是情境教学全过程最为关键的一环,也是体现学生主体地位的关键时刻,前期的所有准备都要以此来检验,后期的所有反思都要以此为依据。因此,要全力做好每一个环节的工作,发挥学生的主体性,使他们充分展示自己的才华。下面以语文演讲为例,探讨学生主体地位理论在情境教学中的作用。

第一,创设逼真的演讲情境。准备并指定演讲人的位置——演讲台。这是演讲者表演的舞台,也是听众注目的核心。一定要布置得庄重规范,使演讲者和听众身临其境。教师可以担任演讲主持人,以便掌控课堂局面。

第二,评委以学生为中心。选定奇数评委,给演讲者进行多元化赋分,公布分数时应该先分解每一项得分,最后公布综合得分,使演讲者的突出项得到肯定。学生评委的优势:①与演讲者同时进行知识建构,更容易相互启发,共同提高,评价者在评价别人的同时,也促进了自己的学习;②被评价者在接受评价时,可以收到来自伙伴的忠告,强化对成功和不足的认识;③演讲者与评价者同处于一个认知水平线上,有同龄人大致相同的知识结构、审美情趣与生活经历,更容易形成同龄人的彼此认同;④演讲者与评价者的角色是轮换的,在不同角色的转换中,学生可以从不同视角获得知识,提高能力。

第三,增加听众讲评。学生不仅是演讲情境中的听众,而且随时可转换为演讲者或评价者。但是每节课能演讲或评价的毕竟是少数,为了调动学生全员参与的热情,还可以在学生评委评价之外增加听众对演讲的点评。点评内容可以多样化,既可以对演讲成绩或不足进行评说,也可以涉及聆听演讲后的感受,对演讲内容进行补充发挥。总而言之,只要学生有进行积极思考,形成参与热情,情境教学就成功了大半。因此,增加听众的参与,是促进学生共同成长的有效措施。

第四,教师处于引领地位。教师在情境教学中的主要职责:①主持上课;②控制课堂节奏;③防止课堂主题偏离;④处理意外事件。教师的肯定性激励是必要的,随时且准确的激励,会引导学生更好地发挥。教师的适时启发也是必要的,这既可以让学生临场碰撞出灵感的火花,又能纠正情境教学行进中的不足。另外,教师的课堂总结更是必要的,总结性点评可强化学生的知识建构,使学生进一步明确努力的方向。

三、以有效教学理论指导语文情境教学的方法

及时进行教学反思,是语文情境教学的重要环节,有助于教师把直觉的经验

上升为理论，有助于教师专业成长，有助于有效教学理论的落实。有效教学关注人的全面发展，旨在促进学习，呼唤效益意识，应成为教学反思的主要内容。

第一，及时听取学生的反馈意见，从中反思学生的参与效果和知识建构情况。以此判断本次情境教学是否对学生的知识与技能、过程与方法，以及情感、态度和价值观产生积极的影响。

第二，对情境教学的每个环节进行反思，检验有效教学的落实情况。批判性地审视情境教学实践，对教学全过程进行有效性判断，会使情境教学实践及时上升到理论认识，增强自身的实践智慧和理论自信。

第三，总结情境教学的特点，为教学创新提供参考。教育新理念指导下的大学语文演讲情境教学，是从理论到实践的第一个过程。真正形成创新成果，还要经历从理论到实践，再从实践到理论多次反复才能完成。语文教师的专业素养正是在不断地反复中，得到螺旋式的上升；教师的创新也正是在这样的反复中，逐渐得到完善。

总而言之，近些年，优化语文课堂教学情境，激发学生学习语文课程的积极性，提高语文课堂教学效果，已经逐渐成为语文课程授课教师的共识。但如何做到真正优化课堂教学情境，切实激发学生学习积极性，目前取得的成果还不丰富。本书拟结合当前语文课堂教学实践，并截取课堂教学中的实例，为优化语文课堂教学情境，激发学生学习积极性，进而提高课堂教学效果提供一些参考。

（一）开展竞赛，激发学生的积极性

竞赛历来被认为是最激发人们的斗志，调动人们积极向上，克服困难，争取完成任务，获得优良成绩的有效手段。竞赛在课堂上的表现形式各种各样，如开展小组竞赛等。这些形式通常能促进学生积极思考，使他们踊跃发言，从而获得良好的教学效果。

组织学生开展小组学习竞赛的学习方法，其具体做法：首先，老师向学生做好学习动员；其次，老师组织检查讲析。如果按照平常的方法解决这些课堂问题，大概需要20分钟。但是由于采取的是小组竞赛的办法，从而提高了全班同学的学习效率，取得了良好的教学效果。

由此可见，课堂竞赛活动的确能够优化课堂教学情境，充分激发学生学习积极性，从而提高学生学习效率。

（二）巧设问题，启发诱导学生思考

"问题情境"是指提出具有一定难度、需要学生努力克服的问题来使学生回答而形成的学习情境。

在课堂上，老师应当不断地质疑问题，同时启发学生回答，并挑起争端，创设一种问题的情境，让学生的思维始终处于一种紧张的活跃状态，促使他们去调动已有的知识储备，主动去思考，去探索，解决面临的问题，改变课堂上那种松弛板滞的状态。这些问题应有适当的难度，才会对学生有吸引力。

但是如果问题难度过高，学生百思不得其解，就引不起他们探求和解决问题的积极情绪；如果要求过低，轻而易举地就解决了，学生在思维过程中就不能产生愉快的体验，也会毫无兴趣。因此，问题难度的设置应恰到好处，做到角度新颖，难易适中。

（三）调配语言，调动感染学生情绪

教师声情并茂的语言也是优化课堂教学情境的重要手段之一。人的情感是大脑皮层系统和皮下层系统协调活动的反应。在情感的产生和变化中起主导作用的是大脑皮层，由大脑皮层对皮下层活动进行调节和控制，而要调节和控制得好，就必须通过语言起作用。这就对教师的语言提出了严格要求。

情感的表达与传递，有时需要激昂慷慨的语言；有时需要平稳舒缓的语言；有时需要低沉断续的语言；有时则需要深沉含蓄的语言。总而言之，教师声、情、质并茂的语言必将会调动感染学生的情绪，优化课堂教学情境，能够激发学生的学习兴趣，提高学习效果。

（四）使用音乐，陶冶振奋学生精神

好的音乐能够振奋人心，开启心智，陶冶性情。使用音乐设置情境，是优化课堂教学情境的有效手段之一。例如，教师在教授课程时，可以播放贝多芬的《命运交响曲》，让学生在雄壮激昂的乐曲声中感受"我要扼住命运的咽喉，它休想使我屈服"的主题。从而激发学生内心的激情，激励学生不畏风浪掀起的波澜，以自己的行动驾驶起生活的小舟，成为命运的主人。学生们在这个过程中会抑制不住感情的奔涌和内心的狂跳，创造性思维异常活跃，文思泉涌。

总而言之，开展竞赛、巧设问题、调配语言、使用音乐等都是优化课堂教学情境的有效手段。熟练巧妙地运用这些手段，就能够优化课堂教学情境，激发学生学习积极性，最终达到提高语文课堂教学效果的目的。

第二节 教学方式多元化

大学语文教学方式多元化是指在大学语文教育中，采用多种教学方法和手段，以满足不同学生的学习需求和提高教学效果。大学语文教学方式的多元化对于学生的学习效果和综合素养具有重要的作用。

一、多元化教学方式的意义

第一，适应学生差异化需求。学生的学习背景、能力水平、兴趣爱好各不相同，因此，单一的教学方式无法满足所有学生的需求。采用多元化的教学方式可以针对不同学生的特点和需求进行个性化教学，提高学生的学习积极性和学习效果。

第二，激发学生学习兴趣。大学语文教学内容广泛且抽象，有时容易使学生感到枯燥乏味。通过多元化的教学方式，如小组讨论、案例分析、实践操作等，可以增加教学的趣味性和互动性，激发学生的学习兴趣，提高他们的学习动力。

第三，培养综合素养。语文教育不仅仅是语言文字的学习，还包括文化、思维、表达等方面的培养。多元化的教学方式，不仅能够促进学生的思维发展，培养学生的批判性思维、创新能力和团队合作精神，而且可以提高他们的综合素养。

二、多元化教学方式的方法

（一）创设多样化的教学环境

教师可以通过改变教室布置、引入多媒体技术、提供丰富的教学资源等方式，营造积极、活跃的学习氛围，激发学生的学习兴趣和积极参与。首先，教室的布置可以根据教学内容和学习活动进行灵活调整，创造出适合互动和合作的空间环境；其次，引入多媒体技术，如投影仪、电子白板等，可以展示图像、音频、视频等多种形式的学习材料，丰富教学内容，提高学生的学习效果和记忆力；最后，提供丰富的教学资源，如相关书籍、学术文献、案例分析等，让学生能够广泛获取知识，并激发他们的探索渴望。

（二）课堂中引入互动式教学

在课堂教学中，教师可以采用问答、讨论、角色扮演等方式，与学生进行互动，激发他们思考与表达的渴望。首先，通过提出问题，教师可以引导学生深入思考，激发他们的主动学习意识；其次，讨论活动可以促使学生彼此交流和分享观点，培养他们的批判性思维和沟通能力；再次，角色扮演则可以让学生在模拟情境中扮演不同的角色，锻炼他们的表达能力和解决问题的能力；最后，教师可以组织学生小组合作学习，让学生在小组内相互交流和合作，促进彼此之间的学习和成长。

（三）结合实践训练进行教学

语文教学不仅要注重理论知识的传授，还要注重实践能力的培养。通过实践教学，学生可以将所学知识应用于实际情境中，加深对语文知识的理解和应用能力的提高。例如，教师可以组织写作训练，让学生通过实际写作任务，提升他们的写作技巧和表达能力；实地考察可以让学生亲身体验语言和文化的融合，加深他们对语文知识的理解，探索语言规律和现象。

三、多元化教学方式的实施

（一）教师专业发展

教师是多元化教学方式实施的关键角色，他们需要不断提升自己的教学理念和教学技能。学校可以组织相关的教师培训和研讨会，邀请专家学者分享多元化教学的经验和方法，帮助教师深入理解多元化教学的意义和实施策略。同时，学校可以鼓励教师参与教学观摩和交流活动，促进教师之间的互动和共同成长。教师还可以利用教学日志、教学反思等方式，不断总结和改进自己的教学实践，提高教学效果和教学创新能力。

（二）教学资源建设

学校应该重视教学资源的建设，为多元化教学方式提供必要的支持。学校可以建设图书馆、实验室、多媒体教室等设施，为学生提供丰富的学习空间和设备。同时，学校还应购买相关的教学设备和教材，以满足多元化教学的需要。此外，学校可以与外部机构或企业合作，共享教学资源，开展合作项目和实践活动，丰富学生的学习体验和知识广度。通过充实教学资源，学校可以提供更多元化、实践性强的学习机会，促进学生的全面发展。

（三）学生评价与反馈

学生的反馈是评价教学效果和改进教学方式的重要依据。学校可以建立学生评价和反馈机制，定期收集学生对教学方式的意见和建议。可以采用问卷调查、小组讨论、个别面谈等方式，收集学生对不同教学方式的评价和感受。通过分析学生的反馈结果，学校可以了解学生的学习需求和期望，及时调整和改进教学方式，提高教学效果和学生满意度。此外，学校还可以鼓励学生参与教学设计和评价的过程，提高学生对教学的主动参与和责任感。

总而言之，大学语文教学方式的多元化，对于提高学生的学习效果和综合素养具有重要意义。通过创设多样化的教学环境，引入互动式教学、实践教学和创新技术手段，可以有效激发学生的学习兴趣和积极性，提高他们的语文能力和综合素养。学校和教师应积极推动多元化教学方式的实施，并不断改进和完善，以适应时代的需求和学生的发展。

第三节　教育手段多元化

一、传统文化下的语文教育

（一）语文教育与传统文化的关联

"优秀传统文化是中华民族的精神命脉，不仅可以陶冶情操、修身养性，还蕴含着创新变通精神。"[1]语文课程与传统文化之间有非常紧密的关系。语文教材之中蕴含丰富的名人资源、经典作品资源，这有利于提升学生的文化素养。同时，对我国传统文化发展过程进行研究，可以了解我国汉字文化的演变过程，从而掌握更多的汉语语法知识。在我国历史发展过程中，出现了很多文化名人，他们在历史长河之中留下了很多的诗词歌赋。当学生对海量的文学作品进行赏析的时候，对汉语文化的了解更加透彻，对于汉语运用更加熟练。在研究历史文化演变过程的时候，可以根据不同朝代的更迭，总结社会发展经验，从而促进社会文化向着更加兴旺的方向发展。最为重要的是，语言知识的学习有助于树立学生的意识形态，加强学生的精神塑造。

（二）利用传统文化开展语文教育的策略

1.明晰传统文化教育的重要性

传统文化涉及的内容比较多，但是比较常见的有文学、思想、历史等内容。

---

[1] 谢全玉.文化渗透助力高校教育——关于大学语文教学中传统文化的渗透研究[J].情感读本，2022（26）：97.

传统历史文化是中国非常宝贵的精神财富。首先，教师需要帮助学生们认识到传统文化教育开展的价值以及重要性；其次，教师应该有目的地培养学生的品质。

需要培养的品质：①民族精神。爱国精神是立人之本。只有国家繁荣昌盛，才能够保证每一个家庭的平稳安定，因此爱国素养和民族精神是当代青年学生应该具有的最基本品质。②仁爱品质。仁爱品质与人的生活、成长密切相关。在社交、生活、学习、工作等环节都离不开仁爱情怀，仁爱情怀可以帮助青年学生更好地融入社会，感受社会的温情冷暖。③职业文化素养。传统文化能够培养学生的职业文化素养。

2.强化职业素养，调整语文教材

语文教材具有人文教育的特点，这就直接说明语文教育的根本是育人，即语文教育能够显著提升高校学生的人文素养。而人文素养是职业素养的重要组成部分。我国古代先贤在生存历练之中总结出了一系列的智慧结晶，很多便是与现代提到的工匠精神有着密切的联系。因此，高校语文教师必须以职业素养为导向，以语文学科为媒介，利用传统文化所具有的优势来对学生进行培育。

另外，大学教材是学生接触的第一手学习资源，对于学生的影响也是极为深刻的。此时，教师可以适当地对语文教材进行改革，对原有教材之中的一些内容进行适当的删减和增加。在众多的文化之中，儒家文化被认可的程度最高，因此，教师可以借助儒家思想文化来培养学生积极进取、诚信等优秀的职业素养。

3.转变教育观念，改进教学方法

对于院校的学生而言，他们更喜欢亲自动手进行操作，因此他们对于能够实践的内容兴趣较高，但是对于理论知识的学习积极性并不高，这会让他们感到枯燥和乏味。通过调查发现，学生们对于教师的教学方式并不感兴趣。教师在进行授课时，应该从人文教育的理念出发，站在学生的视角看问题，创新教学形式，丰富教学内容。

4.开展与传统文化相关的活动

目前，学生面临的考试比较多，他们面临的压力比较大，因此在选择书籍的时候，他们往往会选择自己需要的书籍；反之，涉及中华传统文化的书籍涉猎却很少。在课外阅读的时候，学生通常会选择一些小说，而不愿意去阅读与传统文化相关的语文知识。出现这种局面的原因是没有形成良好的传统文化氛围。因此，语文教师可以成立传统文化社团，组织有兴趣的学生一起交流读书心得，撰写读后感，举办校朗读比赛，进而让学生在优质的社团环境或者学校氛围下，能够逐步提升人文素养。

5.提升语文教师传统文化素养

语文课程的妙趣横生与索然乏味的区分，在很大程度上取决于任课教师的文化魅力，因此要不断提升大学语文教师的文化素养，特别是传统文化素养。语文教师应具备良好的传统文化素养与自觉的传统文化教育意识，这样才能满足学生提升传统文化素养的需求。

总而言之，中华传统文化对于我国而言是一笔宝贵的精神财富，不过就目前的中华传统文化传播情况而言，其效果是不良好的。尤其在语文课程中，虽然二者的联系比较紧密，但是在应用之中存在很多问题，如二者结合的深度不够、传统文化资源的丰富度不够、教学模式不够新颖等，这些都会影响学生的学习兴趣和积极性，对于学生的人文素养培育以及文化底蕴成长而言是没有帮助的。因此，教师需要有针对性地优化语文教学对策，以此促进学生综合素养的发展。

二、"课程思政"下的语文教育

在新的教育改革发展背景下，教师在语文教学方面，要改变传统教学观念，从"课程思政"的角度出发，融入新的教育理念，深化语文教学中德育教育的内涵。教学中，教师通过调动学生对语文知识的思考探究主动性，促进学生学习进步，提高学生语文知识学习素养。将"课程思政"的教学理念和语文教学相结合，渗透德育教育，实现课程的统一，能为实现既定教育目标奠定坚实基础。

（一）语文教育与"课程思政"的关系

"课程思政"在教育领域中运用广泛，是当前教育改革使然，语文教学从"课程思政"的角度落实各教学举措，有助于丰富教育内容。"课程思政"作为高校全方位育人重要环节，高校要注重将思政教育工作贯穿于教育的全过程，实现全方位育人，形成全员以及全过程育人的教育格局，理论和实践相结合是关键。语文教学中从"课程思政"的角度进行考量，这对提升教学质量有着积极意义。"课程思政"对提高办学水平和育人的水平也有着重要促进作用，教育中教师从各学科挖掘"课程思政"的元素和内容，形成教育协同的效应，强化育人的合力，才能有助于提升教育的质量水平。"课程思政"的本质是通过润物无声形式把正确价值追求理想信念传递给学生，有效提高学生思想文化素质水平。

语文是学生学习的重要科目，提高语文教学质量，教师要充分注重采用创新理念。在传统的语文教学理念运用下，语文教学的内容相对单调，而从"课程思政"的视角开展语文教学活动，这对提升语文教学质量有着积极作用。语文和"课程思政"之间的联系比较紧密，在实践教学中教师要将两者紧密结合起来，丰富语文教学的内容，从而为学生综合素质发展奠定坚实基础。语文教育与"课程思政"的关系具体内容如下：

第一，语文课程中蕴藏着思政教育功能，教师在实践教学中要充分认识到人才培养的方法以及人才培养的目标，从现实的角度出发解决教学问题，人才培养中要充分发挥语文学科优势，为学生开展德育教育活动。教师通过挖掘语文课程中的思政元素，帮助学生构建思政教学体系，有助于提升语文课程德育教育的质量，丰富学生德育知识。

第二，"课程思政"能为语文教学提供明确的指导方向，"课程思政"是和语文课程有着关联性的，适应新的教育理念，能为语文教学活动开展提供指导方向。通过语文教学与思政教育的融合，强调提升学生实践应用能力以及文化素养，帮助学生树立社会主义核心价值观，也能为语文教学内容丰富起到促进作用。

第三，两者的教学目标是有着统一性的，最终目标是培养优秀品格和正确价值观，采用教学引导的方式增强学生对人文精神和各社会事件的认识。从内容上两者也存在紧密关联性，主要体现在语文教材中有诸多表达政治思想及人文精神的文章，学生学习中自然会提升自身政治需求，有助于学生规范自身人生发展方向。思政教育要从正确思想着手，将思政教育观念和语文教学融合，能对学生思维正确发展起到促进作用。

（二）"课程思政"下语文教学的策略

"课程思政"视角的语文教学德育教育是创新的教学方式，改变了传统的教育方式，这对激发调动学生语文知识学习的动力有着积极作用，应从以下几个教学策略的落实方面加强重视。

1.重视主题思想教育活动开展

教师在语文课堂中，为提高课堂教学整体质量，开展主题式的思想教育活动较重要。语文课堂中每篇文章都是精挑细选的，都有其特色，有着深远意义，教师在语文课堂知识讲述中，要从教材出发深度挖掘教材文章中德育素材，利用素材开展思想品德教育及爱国主义教育和人格教育等，对学生产生积极影响。从主题思想教育活动的优化设置方面加强重视，文章主题思想中有人生哲理内容，对于教育学生树立正确三观方面能发挥积极作用，只有从教育创新方面进行优化，才能保障语文教育活动良好开展。

2.提高教育能力调动学生主动性

教师在为学生讲述语文知识时，应提高学生探究学习的主动性，教师要从"课程思政"的角度设计教学的方案，将德育教育融入语文教学活动中，从而才能为学生学习能力提升奠定坚实基础。教师对学生素质培养有着重要的影响作用，因此，教师自身在日常学习中要加强力度，结合学生语文素质培养的需要，以及新的语文课程教育的要求，不断提高教学设计的能力和指导的能力，为学生后续语文知识学习奠定坚实基础，教师自身只有不断发展教学创新能力，才能为学生高质量学习语文知识提供支持，促进学生高效学习。教师要善于利用现代化教学技术，改变传统语文课程教学的方式，从"课程思政"的角度优化德育教育的内容，从而实现高质量教育目标。

3.利用历史事件素材开展德育教育

教师在语文课堂教学中，为有效提升教学质量，需要创新教学活动，教师要从多角度进行教学方案设计，保障教学的方案科学合理和有效，调动学生探究学习的主动积极性。语文课堂教学中要注重激发学生在课堂中的主观能动性，选择合适的素材，调动学生参与讨论的积极性。语文教材中涉及历史性的文章较多，教师可以通过历史事件素材运用开展德育教育，让学生从历史事件文章的学习中明确要点，运用现代化技术将历史时代背景生动呈现给学生，激发学生参与探究学习的兴趣，通过情感激发，能为学生学习进步起到促进作用。教师只有在明确教学目标的基础上展开教学活动，让学生对所学习的内容充满兴趣，将德育教育融入其中，才能有助于优化教学的过程，提高语文课堂教学质量。

4.有效拓展语文德育教育空间

提高学生语文知识学习的能力素质，教师在实践教学中要采用多样化的方式，拓展语文德育教育的空间。"课程思政"视角下，语文教师在实践中要运用丰富化的教学模式，在完成核心教育任务以及目标的基础上，将语文课程德育功能充分突出。语文课堂教学中教师要注重拓展教学空间，为渗透德育教育创造良好条件，避免完全依赖课堂推进德育教育。

只有多样化途径综合运用，结合不同教育内容及学生群体，采用相适应的德育教育方式，才能有助于拓展德育教育空间，积极促进学生学习素质提升。采用现代化教育的模式是最佳选择，教师通过网络技术科学运用，有助于将线上教学与线下教学相结合，形成立体化教学空间，这样可以对德育教育空间的拓展起到积极的作用。无论是古代的艰苦岁月，还是当前的繁华生活，爱国主义精神需要代代相传，只有每个人对祖国充满无限的热爱之情，才能更好地促进社会和谐发展。教师通过新的教育方式，拓展德育教育空间，科学运用线上线下教学的模式，这对提升语文德育教育的质量有着积极作用。

第四节　评价方式多元化

教学评价是指按照一定的教育目标以及教学原则，运用科学可行的评价方法，对教学过程和教学成果给予价值上的判断，它是检验教学效果的重要手段，在教师与学生行为塑造中发挥着至关重要的作用。

随着现代信息技术的迅猛发展，产业创新升级，国际交流的深入，人才需求的变化，高校人才培养模式发生了深刻变化，传统的教学评价在日新月异的信息技术面前暴露出较大的局限性，构建科学的教学评价体系势在必行。科学、客观、准确、全面的评价体系对于课程目标的实施有着十分重要的意义。一方面，教师可以通过教学评价对自身教学进行反思，通过教学效果分析改进教学方法，寻找提高教学质量的有效途径；另一方面，学生可以通过教学评价检查自己是否完成了学习任务，判断学习状况，进而调整学习的方法策略，以提高学习效率。因此，大学语文教学评价必须通过多种渠道，采取多种形式进行，充分利用现代高科技手段，发挥网络技术在语文教学中的优势，采取形成性评价与终结性评价相结合的多元教学评价模式。

一、语文教育评价的原则

"语文教育评价对语文教育发展有着重要的影响，它是教育评价的一个重要的应用分支。"[1]当今教育评价的发展进入全新的时代，教育评价的理论和实践都丰富多彩，其教育理念是以人为本，新时代所要培养的人才是具有全面知识技

---

[1] 李凤娥.语文教育评价综述[J].速读（下旬），2018（2）：147.

能、品德优良、心理素质完美、社会适应力强的劳动者。因此，在构建教学评价内容的时候，要创造出以学生的发展为主线，以教师的创新素质、业务能力、教学成绩为参照，教师、学生、教育管理部门和社会相关人员共同参与的全面科学的评价体系，重点突出学生参与的程度和学生活动的广泛性，教师问题设计的启发性、引导的科学性、教学过程的民主性等，不仅注重评价结果，更注重评价过程，体现语文教育评价的导向性、创新性、人本性和多元性。

（一）导向性原则

由于教学评价对学校和教师历来起着激励和导向作用，它好像一支无形的指挥棒，左右着教学过程与方法，这已经是不争的事实。受传统教育的影响，语文教学中过多强调继承与求同，忽视学生的创造潜能，教学评价也只重结果，忽视过程。要改变这一现状，就必须加大语文教育改革力度，探索有利于新时代人才培养的教育模式与方法，语文教学评价所采取的措施能够对语文教学改革要求发挥积极作用，因此，在制定语文教学评价体系时应充分发挥其导向性功能，并将"导向性"贯穿于教学的始终。

（二）创新性原则

当今世界很多发达国家非常重视对学生创新能力的培养，把创新能力的培养和开发作为教育的一项重要内容。展望未来的高等教育，我们必须清醒地认识到，中国特色社会主义进入新时代，语文教育也要站在新起点，以教师自身专业成长为基点，履行教育使命，增强教育素养，提升专业能力，创新教学方法，努力打造适应创新型人才培养要求和新时代形势发展的高素质教师队伍。同时，要树立"学生是教学过程中的主体"的新观念，在教学过程中体现自主、合作、探究的学习方式，让学生在和谐的"师生互动"的教学情境下，在"多维立体直观性教学"的环境中，获取知识。创新教育包括对学生创新意识、创新思维、创新技术、创新人格的培养。通过语文教学评价，激励教师和学生的主观能动性、创新性，鼓励教师的教学创新。

（三）人本性原则

传统的语文教学评价主体主观化，教师评教来自教学督导部门和学生评价，学生考评主要来自语文任课教师，缺乏民主性、客观性。语文教学评价模式的构建，首先要改变的就是评价主体。学生语文素养的形成和发展是在语文教学过程中通过主体的积极活动表现出来的，同时也依赖于教师个人综合教学能力和语文素养的发展。因此，语文教学评价标准的制定，必须从"人本"的视角去重视学生主体的体验与潜能的发掘，以及教师从教学活动中同步获得进步，使语文课堂教学成为学生和教师教学相长、个性张扬的平台。

（四）多元性原则

语文教学评价必须是多元的，必须注重对师生的综合素质的考查，不仅要关注教与学的结果，更要关注教与学的过程，关注教师以及学生个体发展的独特性，尊重个体差异，在发挥学生多方面潜能，引导学生悦纳自己、拥有自信的同时，促进教师的专业发展和职业自豪感。

第一，要改变的就是评价主体。教师考评的主体包括任课教师、同行、教学管理及督导部门、专家、在读学生。他们从课程教学的适用性、合理性、创新性、发展性等方面对教师的教学质量进行全面、科学的评价。学生考评的主体则包括任课教师、学生个人、小组同学以及教学管理部门的教师。他们从学生学习的主动性、创造性、实践性等方面对学生的学习进行评价。

第二，要重视评价的内容。多元化的评价内容包括教学常规（课堂考勤、教学计划总结、教案、作业批阅、学生档案的建立、学生课堂表现的记录、网络资源的提供和网上互动情况等）、教学氛围（学生是否有积极的情感体验，师生问答讨论是否有一致的价值追求，活动组织是否有序活跃）、教学特色（课堂教学是否体现现代教育和教学理念，教学内容处理和安排有无独到之处，教学有无创新，教师教学有无个性）、教学效果（教学目标的实现、任务的完成、能力的拓展）。这种评价，不再以学生成绩的好坏来衡量教学质量的高低，而是立体地、综合地反映出教师教学的态度、质量和效果。针对学生的学习，多元化的评价内容包括课堂出勤、语言表达（课堂回答问题、角色扮演、演讲与口才展示）、网上学习（浏览时量、浏览次数、互动情况）、作业完成情况、期末测试。这种评价，打破了以单一的学业考核成绩来评价教学质量，倾向于从基础知识的掌握程度、运用实践的能力、应用写作的水平以及课程竞赛、社会人文活动中的表现等来考查学生的学习效果。

第三，评价方式要多元。教师评教，可以采取随堂听课、上公开课、课程讨论交流会、学生座谈会等形式，分值由教师自评、学生评教、备课组互评和专家评教四部分构成。学生考评，可以通过出勤率、互动学习率、课堂表现观察记录、学习效果问卷调查、网络学习时间统计等方式进行，分值由考勤、学生自评、小组互评、教师评价四个部分构成，以此组成科学、合理的多元化评价方式。

二、语文的创新教育评价

（一）语文创新教育评价的主要内容

语文创新教育评价的主要内容包括教学过程、教学内容、教学方法、语文考试、语文能力等。在语文创新教育的背景下，教学观念、教学方法、教学目标都需要得到进一步的发展，因此语文教育评价工作内容也要进行全面的发展，以此让语文创新教育得到全面的发展。语文创新教育评价的主要内容如下：

第一，教学过程。语文创新教育评价，必须改变传统的语文教育评价观念，将关注的重点放在教学过程上，通过对教学过程的评价，来定义教师和学生的努力程度和专业性，借此也能够降低教师和学生的压力，让教师和学生可以更好地投入教学互动中，在无形之中提升自身的学习水平。

第二，教学内容评价。对于教师和学生而言，过程和内容才是最为重要的因素，结果和成绩并不能代表一切，也不能够通过结果和成绩否定教师和学生的努力。

第三，教学方法。教学方法评价尤为重要，通过教学方法评价，教师可以明确自身在教学过程中的不足，从而进行全面的完善，也能通过学生对教学方法的评价了解学生的需求。

第四，语文考试。虽然考试成绩不能作为评价的主体，但是考试成绩也是不可忽视的一个部分，通过考试成绩可以看出教学方法的有效性、教学过程的效率以及教学内容的吸收性，是衡量学生知识掌握程度的重要手段。

第五，语文能力。语文能力即是实践应用能力，对于语文教学而言，将语文知识应用到实际生活中，创造出具有价值的内容，是语文教学的价值和实际作用，因此对语文能力的分析极为重要，关系到语文教学工作的有效性。

（二）语文创新教育评价的相关方式

1.语文考试评价

语文考试评价的重要程度随着语文创新教学的发展，不断被降低，现如今只是作为语文创新教学评价工作的一个组成部分。语文考试评价是现阶段教学工作中极为重要的内容，评价考核机制当中学生应该遵循素质教育和新课程改革要求，针对不同阶段的语文考试成绩进行评价。

新时期的语文创新教学评价工作中的语文考试成绩评价和传统的语文考试成绩评价也存在一定的不同，新时期的语文创新教学评价是针对不同阶段的语文考试成绩进行评价，而传统的语文考试成绩评价，仅仅针对期末考试成绩进行分析，局限性较强，对于学生而言并不公平。在语文创新教学评价工作中的语文考试成绩，会综合学生多次考试成绩进行分析，且考试成绩并不是评价结果的主体，学生的学习压力降低，学习负担减轻，在学习过程中更能够投入其中，学习成绩反而会得到提升。

除了语文考试成绩评价以外，学生在课堂上的随堂测验也会算作成绩评价的一部分，以此让语文创新教学评价工作中的诊断功能作用得到发挥，激励功能也能够得到发挥，学生在教学评价的激励下，更加明确地认识到自身存在的不足，在日常生活中不断完善自己，从而在具体学习过程中得到全面发展。

2.教学过程评价

教学过程评价是语文创新教学评价工作中的第一个评价因素，也是最为基础的评价因素，通过对教学过程进行评价可以准确了解语文创新教学的开展情况，明确教学过程中出现的问题，以此为教师完善语文创新教学提供参考。在进行教学过程评价时，可以采用评价表、调查问卷或者听课评课的方式进行。学校可以组织教师之间相互听课，进而由听课教师对主讲教师进行评价，以此实现教师互评。此外，教师还可以在课后发放评价表，引导学生对教学过程进行相关的评价，从而让教师更好地总结经验。教学过程中学生是直接参与者，因此学生对教学过程的评价十分重要。

教师必须突破传统教学观念，让学生参与到教学过程评价中，以此做出客观合理的评价。随着学生参与评价的积极性得到全面提高，学生家长也会被影响，学校和家庭之间的沟通问题也会得到解决。由此可见，教学过程评价主要有三种评价方式：①教师之间的相互评价；②学生对教师的评价；③教育主管部门组成教育督导、同行专家开展评价。综合使用这些语文创新教学评价方式，可以让教师对教学过程中存在的问题进行反思，并且采取相应的改进措施，以此保证教学工作全面开展。就学生而言，也能发挥自身学习的主动性，正视自己在学习过程中的参与程度与成长经历，感受语文学习的无穷魅力。

语文教学过程评价的科学合理的评价结构，可以促进教学过程更加有序，保证教学质量，也能够让语文创新教学工作得到具体落实，给学生带来不同的教学氛围，换言之，语文创新教学评价中教学的过程评价，是现阶段最为重要的评价内容。不仅是对教师的评价，在教学过程中还包括对教学过程的评价，实际的教学过程中，教师也要对学生进行评价，包括课堂参与度、课堂认真度、出勤率等方面进行考查，以此对学生提出具体的要求，从而让学生全面融入课堂中去，通过课堂过程评价，也让学生发现自己在上课过程中出现的问题，并在下一次上课时更加投入和认真。

3.教学方法评价

教学方法评价也是语文创新教学评价中的主要内容，在语文创新教学中可以采用的教学方法有很多。但是并不是每种教学方法都是有效的，还有很多教学方法不符合学生的学习情况，反而会对学生的学习、语文创新教学工作的开展造成阻碍，因此要对教学方法进行评价，确保教师在授课过程中使用的教学方法准确、可行。

在对教学方法进行评价的过程中，除了教师之间的相互评价，以及学生对教师的评价之外，还可以加入专职教育机构的评价和校领导的评价，可以采用的评价方法有很多。在语文创新教学评价的过程中，甚至可以采用召开专题讨论会、培训会以及实验班对比的方式等进行评价，以此形成具体的评价体系，营造出优秀的评价氛围。随着校领导的加入，教学评价工作的执行力度也会得到提升，通过语文创新教学评价可以激励教师更进一步完善教学方案，完成教学任务，保证语文创新教学方法得到全面的优化。

以语文教学中的课堂教学为例，评价教师的教学方法是否有效，主要依据三个方面的内容：第一，方法的选择。重点看教师所选择的方法能否为教学目标、教学内容服务，是否能根据学生的专业、对本课程的兴趣和认识特点来选择恰当的方法。第二，方法的运用。①指导思想，主要看是否能把面向全体学生与注意因材施教相结合；②认知传授，主要看是否能把知识传授的系统性和方法培养的有效性相结合；③情感投入，主要看能否注重师生双方的情感交流、课堂互动；④课堂调控，查看信息反馈是否及时，调控是否得当，教育机制的发挥情况如何等。第三，教师基本功。教师基本功主要指教学语言规范、清晰、准确、简洁、生动；教态自然亲切，仪态端庄大方；板书工整、美观、科学、新颖；课堂应变和调控能力强，能灵活驾驭课堂；注重语言的积累与整合；注重语言的感受与鉴赏；注重语文的思考与领悟；注重语文的应用与拓展；注重语文的发现与创新等。另外还有诸如教具设计是否实用合理，演示是否恰当、适度，引导学生的参与度等。

语文创新教学评价工作中针对教学方法、教学过程、教学内容的评价极为重要，通过具体的评价结果可以判断语文创新教学的开展落实情况，能够让高等院校更加有针对性地制订发展计划，也能够让教师更加有针对性地对教学方法、教学过程、教学内容进行完善，并且从根本上改变以成绩为主的评价方式。这种公平的评价方式下，学生的学习积极性和课堂参与度都会得到提升。

4.教学内容评价

除了教学过程之外，教学内容评价也是语文创新教学评价中的主要内容之一。教学内容评价就是针对语文创新教学中，教师所讲的具体内容，包括不同的语文知识，如陈述性语文知识、非策略性的程序性语文知识、策略性程序性语文知识等。教学内容评价方法以及教学过程评价方法一致，也是教师之间的相互评价，以及学生对教师的评价。教学过程和教学内容的区别：教学过程是指教学课堂整体效果，而教学内容较为具体，需要判断教师在实际的教学过程中，所讲授的教学内容是否符合教学大纲，是否符合教学目的，是否符合学生语文能力培养的多样化需要，是否属于教学研究的主要内容，等等。

学生也要对教师的教学内容进行评价，包括教师教授的教学内容是否为自己所需，以及教学内容的实用性、教学内容的具体性等。在教学内容评价中还包括教师对学生的评价，学生对教学内容的掌握吸收情况，可以通过小测验、课堂提问等多种形式，了解学生是否完全掌握了教学内容。总而言之，教学内容评价要在目标和内容上下功夫。目标的制定要根据大纲的要求、教材的特点和学生的接受程度，制定切合实际、明确具体的课堂教学目标；目标的落实主要指教学内容的确定、教学方法的选择、课堂教学的进程是否围绕目标进行，以及学生达到教学目标的程度。

教学内容的选择标准：①内容的质量要能体现语言、文学的魅力，代表先进文化，能通过阅读与鉴赏进而形成富有个性的感悟、体验等；②内容的深度要适宜，必须是学生经过努力可以掌握的，即选择处于维果茨基所说的"最近发展区"的内容；③内容的广度要适当，内容的广度又决定课堂的密度、课堂的节奏。要根据不同专业选择不同的语文教材（文本），或者以教材为"学本"导览相关的名家名作，而不能拘泥于教材。

5.社会效果评价

语文创新教学评价工作中还要对语文能力的社会效果进行研究，这一评价内容较为特殊，主要针对的是学生在掌握语文知识之后，实际应用能力和应用语文知识后达到的社会效果。通过对语文能力的社会效果评价，可以对教师和学生形成综合性较强的评价，也是对整个语文创新教学工作开展情况的评价。

在对语文能力的社会效果进行评价的过程中，以上的评价方式并不适用，可以采用调查问卷和校园活动对语文能力的社会效果进行评价。例如，学校可以面向开展语文创新教学工作的专业举行语文活动，可以开展的语文活动有很多，包括文学论坛、创作笔会、体验生活、才艺展示、经典朗诵、演讲比赛、课外阅读、个人博客等。通过对学生的参与情况、参与活动的开展情况等多方面情况进行调查，就可以具体判断语文能力的社会效果。

通过通篇对语文创新教学的分析，对语文创新教学有了全新的认识，也对语文创新教学的发展方式、评价方法等内容提出了具体的方法，希望可以为高等院校语文创新教学发展提供参考。语文社会效果评价是语文创新教育教学研究的重点内容，通过社会效果评价，可以让社区、大众都参与到语文创新教育教学研究中，推动语文创新教育得到更好的发展。

总而言之，教学评价对学校教学工作和教师教学行为有着重要的导向和激励作用。学校和教师的发展趋向必然成为学校的行为决策目标，而语文教学评价体系的重构和有效运用也必然为学校的语文教学工作和一线语文教师的"发展趋向"提供依据，从而推动语文教学改革向纵深发展。语文教学评价是语文教学的重要环节，只有把握这一环节，才能推动语文创新教学健康发展，实现开设"语文"课程的目的和宗旨，也才能使语文课程在培养现代创新人才的系统中发挥应有的作用。

第四章 课程信息化教学创新

随着现代信息技术的快速发展，对各行各业产生了较大的变化。对高等院校而言，在培养综合性人才的过程中必须积极适应信息化发展趋势，让更多的学生能够充分运用信息化技术来充实自己、提高自己。基于此，本章主要探讨基于信息化的课程教学模式创新、基于信息化的在线课程教学设计、基于信息化的课程教学体系构建、基于信息化的课程教学改革创新。

第一节 基于信息化的课程教学模式创新

一、基于信息化的课程教学模式类型创新

（一）"大语文"视域下教学模式

当前，大学语文的教学生态发生了较大程度的改善。与此同时，随着电子媒介时代教育技术手段的进步，原来单一纸质的教材建设逐渐向数字化教学资源集成转变，新形态的大学语文教学模式正在生成。在大学语文具体的教学实践过程中，如何在有限的课时之内，兼顾语言、文学、文化三方面内容，以教学实绩来彰显大学语文课程在素质教育中的独特意义和价值，这始终是大学语文课程建设的关键问题。此外，以"大语文"的教育理念来观照和建构新形态的大学语文教学模式，是一个提升学生语文素养、推进学校素质教育的有效思路。

所谓"大语文"视域下的语文教育，即从灌输学生基础知识、培养学生听说读写能力等工具层面的教学升华，到以加强学生审美能力、人文素质为目标的教学，把语文教学拓展到与人生、社会、文化广泛联系的背景之下，构建一个多

元、立体、开放式的语文教学格局。从本质上而言,"大语文"视域下的语文教育是以语言为媒介,以具体作品展示广泛的文化内容,旨在丰富学生心灵世界、构建学生人文情怀的教学活动,它涵盖了语言教育、审美教育以及人文教育三个方面的内容。就人的文化心理结构而言,"大语文"包含认知、审美、伦理三个层面,肩负着工具性、审美性、人文性三重纬度的教学重任与目标,这三重目标,有很强的现实针对性,同时也密不可分、不可偏废。

在教学活动中,对于大学语文在现代国民教育基础中的重要性,社会各界已经有了充分的认识。需要注意的是,基于"大语文"视域下的大学语文课,既不同于施行道德训诫的思想品德课,又并非单纯传授语言技能的基础语言课,而应该是一种具有多重纬度、整合视野的教育。就现实的情况而言,三重目标相互依存,不可偏废。如果忽视大学语文的工具性目标,将会导致学生运用母语水准降低。如果忽视语文的审美性和人文性目标,则对于学生审美能力的培养、精神世界的充实,乃至人格的陶冶、境界的提升,也是非常不利的。因此,构建"大语文"视域下的教学模式,应努力做到以下几个方面:

1.多重教学要素间的延展与整合

教育是一种受众广泛的社会性活动,教学活动始终不能离开教师、学生、教材等要素。从学生角度而言,现阶段我们的授课对象是大学生,他们思维敏捷,易于接受新鲜事物,传统的教学方式、常年不变的教学内容对于他们显然缺乏吸引力。从教材角度而言,目前大部分教材的编排方式虽然仍以"好文章"或古今中外文学史上经典名篇为主体,但同时也现了与时俱进、追求新变的气象。例如,王步高先生主编的《大学语文》以及邢福义主编的《大学语文》等,这些教材皆充分涵盖了语文三重维度的课程定位,表现出多层次、多角度的兼容性。

《大学语文》中将教材的功能概括为:①激活、梳理文学知识,使之系统化;②弘扬传统文化,传播人文精神,促成学生思想境界的升华和健全人格的塑造;③改善学生的思维品格,使逻辑思维与形象思维相结合;④便于自学,使教材介于课堂用书与学生自学用书之间;⑤提高学生学习兴趣。这种将教学活动中多重要素整合配套的思路,充分体现了"大语文"的教学理念。在当今这样一个电子媒介时代,信息技术和检索手段都很发达,如果教学模式还仅止于在课堂上平面陈述作家作品,或者展示作家作品的陈迹,则只会让学生兴味索然。在讲述作品时,应该有宏观的"大文学"的指导思路以及中西融合的"大文化"的视野。要注意文学与历史、哲学等其他学科的融合，在跨文化的视野中拓展教学的深度与广度。

2.注重作品在当代语境中的意义

"大语文"视域下的语文课程，还意味着教师在讲述作品过程中，要注意将作品的阐释视角延展到当下语境中来。大学语文课程在讲授文学经典篇目之时，应有鲜明的时代气息。在作品的阐释中，应与鲜活生动的当代生活现象与文学思潮充分联系，不仅要对作品的经典意义和历史价值做出归纳，而且应该对其所包含的现代价值理念以及它对于当下生活的意义或启示做出充分阐述，这将会比单纯局限于作家生平与创作背景的讲述方式更加有趣、灵活、丰富。随着电子媒介的普及与进步，文学的形态正在发生深刻的改变，人们讲述的内容可做适当的延伸，网络文学以及影视文学的内容都可适当纳入语文讲述中去，这样可以让我们学到在当今社会如何做人，如何敬业乐业，以及进行更为深入的有关当代人道德与生命的思考。

3.强调课程中发散式思维的授课

纵观历史，我们的文学素来有"文以载道"的传统，这种传统如被纳入"大语文"的观照视野中，不仅仅是要处理文与道的关系，它更涉及文与知、文与言以及更广泛意义上的文与道关系的问题。作品一旦被纳入我们教学的视野中，它就具有语言性、审美性和人文性等多重特征，不仅对个体生命具有激励价值，而且负有更高层面的文化使命，如此可启发学生思考，有利于克服思维的片面性与绝对化，使读者多层次、多侧面地思考问题，变一家之言为百家之言。因此，我们应当多层次多角度地挖掘它的道德、情感、思想价值，以富有个性魅力的方式加以阐述，由此来鼓励和感染学生。

4.设计选修课程群辅助教学方式

在具体的教学实践中，一门课程所能承载的使命毕竟是有限的，高校应充分鼓励开设系列选修课程，来辅助和深化语文的教学效果。相关的系列写作课程、古今中外的文学课程以及人文素质教育的课程群落都应该在教学计划中占有重要比例。因此，围绕语文，精心设计相关系列课程，都会对发扬"大语文"的教学观念以及补充完善大学语文的教学起到良好效果。

另外，围绕大学语文课程内容，邀请专家讲座，适当开展学生社团活动、朗诵会、辩论赛等活动，也能够激发学生对于母语的兴趣，营造良好的校园氛围，从而对巩固语文课程的教学效果起到良好的辅助作用。这些举措有利于实现大学语文工具性、审美性与人文性三重维度的教学目标，构建"大语文"视域下的教学模式。理想的大学语文教学，既是知识技能的传授，更应该是一种富有诗意与人文情怀的教学，目的是让学生在掌握基本语言技能的基础上，形成敏锐的感知、丰富的情感、独特的想象、深刻的理解，让他们的精神世界被诗意照亮。

（二）开放式的课程教学模式

语文学科在很多高等院校中地位不是十分突出，原因虽是多方面的，但也与其自身比较陈旧的教学模式有一定关系，具体表现：课程定位模糊，语文承载过多的使命，教材、教学内容、教学方法、教学手段和考核方式固定化和封闭化。因此，有必要创建一种开放式的大学语文教学模式，以激发学生的学习兴趣和提高高校语文的教学质量。这种开放式的教学模式主要体现在以下几个方面：

1.强化主体意识，优化教学方法

素质教育以培养人的创新精神和实践能力为核心，这就要求在课堂教学这个主阵地上，要让学生真正地动起来，积极主动地去学习，并养成终身学习的意识，学会自主学习的方法。因此，教学方法的运用必须以学生为中心，激发学生主动参与。

目前，高校的语文课基本是大班上课，以讲授法为主要教学方法，这种方法能够在较短的时间内，有计划、有目的地借助各种教学手段，传授给学生较多的知识信息，教学效率相对较高，更适合于规模较大的班级。人们常常将讲授法与灌输式联系在一起，并把教学的照本宣科、学生缺乏学习主动性当作讲授法带来的必然结果。其实，造成这些弊病的原因不是使用了讲授法，而是讲授法运用得不恰当，即方法本身未能与教师、学生、教学内容及环境相协调。换言之，任何一种教学方法都有优点和缺点，主要在于如何使用。教师可以巧妙地剪裁内容、适当制造悬念、适时提出问题、适度穿插花絮，并且讲授的语言要既严谨又有亲和力，生动形象，妙趣横生，富有激情，这样自然会激发学生的兴趣和求知欲，并抓住他们的注意力。

教师对传统讲授法要不断改进和更新，并实现与其他教学方法的优化组合。选择和组合一定要根据教学任务的需要、学生的特点。例如，诗歌教学、教师精讲和学生反复诵读结合，鉴赏方法主要依靠教师精讲，但诗歌的意境和诗歌的美却有待于学生在反复的声情并茂的诵读中品味、感悟。又如，小说教学、自学指导法和讨论法结合，教师只需提供相关的背景资料，就可以让学生自学，然后组织讨论，分析小说的主题、人物形象等，给学生留下表述自己的思想和感情的机会。

在课堂教学中，教师应充分了解学生的学习情况和情感需求，要善于通过问答式、讨论式、座谈式、游戏式等各种形式让学生动脑、动口、动手，激发学生学习的兴趣。师生能处在一种较为平等的、民主的地位，师生间就树立了一种双向的沟通关系。课堂不再是由教师为主导，学生也是课堂的主人，师生间可围绕一个共同的主题畅所欲言，师生的认识不再是如出一辙，对于不同的观点，师生可以做出自己的选择。教师还要对学生进行相应的学法指导，大学语文教师要指导学生掌握科学的学习方法，学会做读书笔记，指导学生使用工具书、参考书，查阅文献资料，学会在有限时间里筛选、捕捉信息。

2.针对学生特点，明确课程定位

语文课程的基本定位是工具性与人文性的统一，但大学语文在工具性和人文性统一方面应该有别于其他教学阶段的语文，应以人文性为主，以工具性为辅。大学生生理和心理逐渐成熟，已具有一定的听、说、读、写基础，但随着学习专业的不断细化，所接触的人文课程比较少，许多学生除专业外，对文、史、哲等优秀文化传统了解较少，导致知识面狭窄，精神平庸化与冷漠化，因此他们迫切需要人文精神教育。

大学语文的综合任务，即在于培养学生的人文素养，塑造他们健康的人格，提高他们审美的能力，大学语文是知识课、文学课，更是一门人文精神的传播课。大学语文在人文精神教育方面具有独特的作用，语文所选课文皆为文质兼美的佳作，其优美的语言、鲜明的形象、独特的思想、闪光的人性、深挚的感情、含蓄的哲理，具有春风化雨、育人无声的效果。把人文性作为大学语文性质的主要内容，并不是语文的工具性在大学阶段消失了，而是强调在不同的教育阶段语文有不同的任务。大学语文的人文性教育是通过语言文学作品的教学实现的，不可能离开对语言文字的分析理解和运用，人文内涵丰富的名篇自有其语言文字表达上的妙处，学生在对其欣赏感悟中自然会生发学习语文知识的兴趣，获得语文知识水平的提高。

审美教育是培植人文精神的必由之路，大学语文本身就是一门美的课程，"意美以感心、音美以感耳、形美以感目"的汉字，抑扬顿挫具有音乐美的汉语音节，精练雅致的文言，活泼晓畅的白话等，这些都是精美隽永的审美意象。语文学习从某种意义上而言是一种审美的过程，教师要善于引导学生深入细致地欣赏文学经典名篇中的思想情感之美，以及语言表达上的文学艺术之美，通过开掘隐含在文本中的真善美唤醒学生的求真、向善、爱美之心，通过审美教育滋润，净化学生的心灵，把学生的精神不断地引向光明与崇高。在现代社会，人们承受着越来越大的工作压力、就业挑战，诗意的人生追求变得越来越稀薄，越来越脆弱。因此，加强语文审美教育，拓展学生心灵的审美空间，为他们的一生奠定精神基础，将具有深刻的现实意义。

3.结合专业需求，灵活使用教材

教材是语文教学的一种载体，是学生学习的材料。目前，高校几乎通用同一本教材，缺乏针对性。在高校中，不同专业学生的语文基础不同，对语文学习的要求是不一样的，教材完全相同显然不合适。例如，理工科专业可以选用现当代和外国文学作品占比大的教材，因为理工科学生古文基础比较薄弱，现代汉语作品可以减少他们阅读时的文字障碍，激发学语文的兴趣；而文科专业选用古典文学作品占比大的教材，可以进一步提高文科学生的文学素养和文化修养。

还可以在以优秀统编教材为主的基础上，根据学校的特点补充一部分自编讲义。例如，以建筑类专业为特色，有土木工程、建筑学、城市规划、园林、景观、环境工程等专业。建筑与文学关系源远流长，很多建筑物的流传，很大程度上依赖于文学名篇，如碑文、亭记、楹联、题匾等，这些以建筑景观为题材的文学作品既是诗文与建筑艺术最直接的结合，又是文人参与建筑创作、表达建筑意境的重要方式。

4.转变课程理念，拓展教学内容

素质教育要求我们树立大语文观。大语文观主张面向生活、面向大众、面向社会学语文。语文是母语教育，我们随时随地能接触母语，教师要增强学生随时随地学语文的意识，引导学生把语文学习由课本延伸到生活、由课内延伸到课外、由学校延伸到社会，鼓励学生广泛接触社会生活，参与多样化的语言交际活动，如收看电视新闻、鉴赏名胜古迹、留心时闻要事，参加朗诵、演讲、辩论、写作比赛、下乡宣讲等语言实践活动。不论在学校，还是在家庭、在社会，我们都可以随时随地汲取语言材料，提高运用语言的各种技巧，让生活成为语文学习的源头活水。

大学语文教师要时刻保持对现实生活的敏感,对教学内容要不断拓展、局部更新。教师要突破"唯教科书"的思维定式,根据学生的兴趣爱好,提供引人入胜的学习材料,兼顾经典性和时尚性。时代在发展,很多现代学生具有多元化的审美需求和对时尚性表达的偏爱,教师要充分考虑他们的兴趣爱好,引领他们鉴赏那些以前教材中、课堂上未被关注的文学样式,如网络文学、流行歌曲等,教师要善于选取其中适合作为教学内容的语文素材,引导学生养成正确的审美趣味,提高鉴赏能力。把流行文化补充进教学内容,可以弥补统编教材正统性有余、鲜活性不足的缺陷,可以激发学生学语文的兴趣。

5.整合课程资源,建立课程体系

大学语文具有涵盖面广、包容性强的特点,哲学、文学、历史、思想、文化、语言文字、写作理论与技巧等领域都有所涉及,但也均不够深入。可以开设一些人文素质教育选修课程,与大学语文形成一种互补关系。例如,文学艺术类、语言文字类、历史文化类三大类选修课程,不仅深化了大学语文内涵,而且扩大了大学语文外延,与大学语文一起形成人文素质教育课程体系。我们整合这些课程资源,通过大学语文课程学习,激起学生了解及深入学习相关课程的兴趣,弥补了大学语文因其课程特点难以深入学习的不足。

6.开放教学空间,丰富教学方法

大语文观呼唤开放教学空间,突破以课堂、教师、课本为主的上课形式。作为信息时代标志的网络,是现代语文教育的有力助手,网络强大的交互功能为语文教学提供了一个开放性的师生互动平台。利用校园官网、网络课堂、网络论坛、腾讯QQ和电子邮件等,师生可以进行直接的沟通和交流,师生双方可以对文章的理解和鉴赏、对语言的运用和推敲发表各自的观点。学生可以自由阐述自己的见解,对教师的观点进行质疑;教师也可以通过这个平台来了解学生的学习情况,对学生的疑问进行答复和指导。学生还可以把自己的得意之作在线发表,从而提高写作水平,体验自我实现的乐趣。在这种互动式教学中,学生可以自主选择学习,充分体现自己是学习活动的主体,每一个学生都可以平等地实现个性的自由发展与表现。

网络还给语文学习提供了大量的相关资源,并且使查阅资料的过程方便快捷,如百度、新浪、搜狐等大型门户网站,这些网站语文资源丰富,针对性强,为语文学习提供了极为有力的帮助。现阶段在课堂教学中,多媒体技术成为重要的辅助手段，这要求教师不断完善课件制作水平，力图使制作的课件多媒体化，图、文、声并茂，使课堂教学有声有色，从而增强大学语文教学的趣味性和审美性，激发学生在兴奋愉快中调动各种感官进入学习训练之中。

7.关注个体差异，实行多样化考核

当前的语文教育评价观认为，评价不再是为了甄别与选拔，而是发挥评价的激励作用，关注学生的语文素养和语文能力的提高，并通过教师的分析指导，提出改进计划，以促进学生的全面发展。因此，评价指标应由单一的考试评价向多元的综合性评价转化，注重对学生语文素养、学习能力、情感态度、实践能力和创新精神等综合评价，关注学生的语文学习过程和人格发展。

我们可以对学生实行多样化的考核，注重平时的考察。大学生生活的丰富性、学习时间的灵活性、需求的多样性、思维的独立性和批判性、参与社会活动的积极性等，给语文多样化的考核提供了便利条件。如课堂朗读背诵、回答问题、写读书笔记、参加演讲辩论、参加学生社会实践活动、参加校园心理情景剧创作或表演等，可以作为评定学生学业成绩的依据，还可以尝试开展自助考试，包括自主作文、自办刊物、作家作品专题研究等。将考试注入更多的学习、探索、思考内容，把考试的过程变成学习、探索、思考的过程，也是一种充分发挥学生自主性、展示学生个性的方式。

由于学生存在个体差异，因此教师要从多个角度去评价学生，善于寻找和发现学生身上的闪光点。例如，在阅读理解考核中，要重视学生不同的情感体验和心灵感悟，答案可以是非标准的、开放式的，只要言之成理即可；在写作考查中，作文可以同时出多个题目让学生任选其一，并且话题紧贴学生生活热点，把考核和学生平时的校园生活紧密联系起来。

二、基于信息化的课程教学模式优化构建

（一）自主学习教学模式构建

语文教学法是一门理论应用学科，也是高校学生必修的专业课程，开设这一课程旨在对学生进行语文教学的初步训练，使他们掌握语文教学法的基本知识，具备从事语文教学的初步能力。但从现状而言，这门课的功能并没有得到有效的发挥，因此，构建一个适应学生发展需要的课堂教学模式势在必行。在语文教学法课程的教学中，尝试启用"自主学习"教学模式，旨在强化主体参与，优化教

学过程，力求培养学生学习理论课程的兴趣，使每个学生能自主学习，热爱语文教学，并最终形成教学能力。

自主学习是指学习主体有明确的学习目标，对学习内容和学习过程具有自觉的意识和自我控制的学习方式。认知建构主义认为，自主学习是元认知监控的学习，是学习者根据自己的学习目标、学习任务的要求，积极主动地调整自己的学习策略和努力程度的过程。当学生在元认知、动机和行为三个方面都是一个积极参与者时，其学习就是自主的。自主学习是要改变学生在教学中的被动地位和过分依赖于接受的学习方式，突出学生的"主人意识""参与意识"和"主动意识"，在培养学生知识、能力的同时，还培养学生的学习情感、学习态度和学习习惯，使他们既能掌握基本的适合自己的学习方法，又为自己的持续学习奠定基础。

现代素质教育理论立足于促进学生的发展，对大学生而言，更要以尊重其自主性，培养其创新精神和实践能力为核心。课堂教学是学生自我表现和自我发展的过程，教师应该立足于促进学生的发展，引导学生追求自我完善和发展。自学、自练是学习的有效途径，教师要引导学生自主学习，并真正参与教学活动，从而取得实际的学习效果。

1.自主学习的过程

（1）教材新读。教材的编写往往滞后于时代的发展，因此，教师应在教学中把课程标准作为基础理论学习的重要环节，引导学生理解语文课程的理念，正确解读语文的性质，掌握语文教学设计的维度，让新的课程理念先在学生头脑中树立起来，使这些动态的课程信息盘活学生的理性思维，再在涉及相关理论的每一章节的教学中，要求学生用课程标准的要求重新认识，并学会分析比较。

（2）课堂实施。在每一章节的教学中，可采用读、问、议、练四个环节的"自主学习"模式。

第一，读一读理论。"读"是指学生自主阅读教材相关章节，主要阅读两个方面的内容：①阅读教材的基本教学理论，这一般可以放在课前预习中完成，课堂上再阅读时可按照教学重点进一步集中阅读，以期获得比较鲜明的印象；②案例的阅读，结合相关教学案例进行阅读，边阅读边思考。思考在阅读过程中是必不可少的，是进入下一个教学环节的关键。此时教师可以安排好思考题，也可以让学生自己提出问题。当然，这期间教师需要适当引导，使学生更好地理解重点理论。

第二，问一问疑点。"问"是指学生质疑问难。学生通过质疑，可发挥内因作用，产生思维兴奋点和认识矛盾冲突。学生自读"教学原则"这节内容时，针对语言文字训练与思想教育相结合的原则，有两个问题：①语言文字训练与思想教育相结合的原则在语文教学中还是否重要；因为课程标准对学科性质的界定已做了很大改动，对工具性突出其交际功能，强调其人文性；②应该怎样理解思想性和人文性的关系，在教学中认真做好这一环节的教学工作，无疑会活跃课堂气氛，激发学生思维的积极性。

第三，议一议重点。学生在阅读和思考以后，需要把自己的理解和看法与其他同学进行交流，这样集思广益，增加理解的准确性，补充自己的看法，对知识的掌握和运用就会更加深入。在合作过程中，利用案例来解决疑点，理解重点。通过合作学习，每个人都有参与学习的机会，并产生参与学习的兴趣。"议"的形式包括：①互动式，即学生通过小组合作展开讨论，归纳总结后汇报意见；②辩论式，即学生围绕一个议题进行自由辩论，各抒己见；③换位式，即师生换位，学生提问，教师回答，学生评价。学生的讨论必须有充足的时间，以保证重点知识或问题的讨论能够全面而深入。议重点时，教师还需要通过具体的教例来阐释和帮助理解，体现理性—感性—理性的学习规律。句子教学的重点是准确地理解句子的意思，常用的方法是联系上下文和生活实际。

第四，练一练能力。教学法课程是一门应用学科，是用教学理论去指导教学实践，用教学实践来丰富教学理论，不断提高学生的教学能力。大学生在校期间，更多的是一种间接的实践和训练，训练的方法主要包括：①试讲，让学生在课堂里就某个词、某句话、某个段落进行教学尝试，丰富感性认识，培养教学能力；②评议，让学生就教学录像或教学论文展开讨论和评议，使学生既运用了理论，又明确了该环节该怎么教，做到知其然，又知其所以然，从而发挥学生的主体性；③作业，让学生写下对某一理论的认识或就具体课文来拟写教学过程，旨在使学生熟悉理论，并能加以运用。

（3）课外拓展。如果把学习局限于课堂，学生的收获则是有限的。学生只有充分利用课外时间，把课堂向阅览室延伸，向校外延伸，才能获得全面的认识和深刻的印象。一般而言，学生可以从以下几个方面来拓展认知视野：

第一，阅读教育经典。那些经历岁月冲刷和时间考验的教育著作，可以改变一个人的思想和行动。因此，可以推荐学生阅读的书目包括苏联教育学家瓦西里·亚力山德罗维奇·苏霍姆林斯基的《给教师的建议》、陶行知的《中国教育改造》，柳斌的《中国著名特级教师教学思想录》、卢梭的《爱弥儿》等。

第二，积极撰写小论文。可以为学生规定课题内容，并给出一定的时间让他们去搜集资料，整理思路，之后再着手进行写作，这样也能促使学生去钻研教学理论。学生写论文，目的不在于能否发表，而在于形成对语文教学工作的思考习惯，培养他们的探索精神。

第三，留心学生的日常生活。在假期里做有心人，观察了解学生的特点和学习情况，还可以通过辅导学生，体验与学生接触的乐趣和未来工作中将会遇到的问题，从而锻炼自己的胆识和能力。

2.自主学习的效果

通过在主体教学思想的引导下进行的教学尝试，教师初步实现以下转变：

（1）从学生的被动学习转变为学生的主动学习。例如，学习完一节内容后，教师让学生就即将学习的一篇课文做仔细阅读，从知识与能力、过程与方法、情感态度与价值观等角度去思考和制定教学目标，确定对学生尝试重点段落的教学，看看能否落实其中的一个或几个目标。这样，学生就不再以单纯的"听理论"为主，而是真正动起来，投入到积极的思考、讨论和教学实践中。

（2）从师生的单向交流转变为师生的多向交流。例如，教师在引导学生针对某一话题进行讨论时，鼓励学生各抒己见，相互辩驳，师生共同交流。在交流中加深了学生对问题的理解，也活跃了课堂气氛。

（3）从以教师的讲授为主转变为以教师的指导为主。每次学习新内容时，教师可以安排15～20分钟让学生先看教材，并对教材进行质疑，结合课程目标讨论重点内容，并学会运用。

3.自主学习的感悟

操作程序的设计是教学模式的外观形态，教学观念则是教学模式的核心。教学模式的建构必须在教学思想的提炼上多付出，自主学习教学模式的实施要把握以下关键问题：

（1）教学过程要优化。教师要在确保学生主体地位的情况下，给予适当的点拨和引导。只有从"如何学"的角度思考自己"如何教"去设计教学程序，优化教学过程，才能达到教和学的统一。

（2）课堂气氛要和谐。在教学过程中，师生民主与平等的关系，是学生主动思维、大胆质疑和积极讨论的前提条件。在教学中，应提倡微笑教学，以谈心式的方式解决问题。

（3）教学模式要多样，在教学模式上要有所创新。上课不能简单采用教师讲、学生听的传统形式，而要经常变换教学形式，使学生每上一节课都有新鲜感。例如，采用同桌一起来学习和讨论理论；在阅读室里边读论文边学理论；以现代教学技术为辅助手段，边看录像边学理论等教学形式。

（4）教学实例要典型。要使学生理解教学理论，这就要求教师运用教学实例教学。选择教例时要注意典型性，准备要充分，教师除了应准备一些相关教例，还可以要求学生准备一些教学实例，这样可以促使学生多看教学论文，收集教学信息，使理论教学更具感性色彩。

（二）主题化课堂教学模式构建

以计算机为主要标志的信息技术的迅猛发展与日益普及，引发了现代人学习和生活各个领域越来越深刻的变革。信息技术与学科课程的整合为教育改革应对信息时代的挑战提供了思路。主题化课堂教学模式是指在相应的知识主题下，在完成某一主题带来的大量任务的过程中，学习和掌握学科知识的过程，这是信息技术的工具性、交互性相结合的一种模式，是充分发挥教师主导作用和学生主观能动性并使学生掌握学习过程的一种模式，也是培养学生利用合适工具学习知识、探索发现的一种模式。主题化课堂教学模式包含以下几个方面：

1.创设情境

创设情境的作用是使学生切实感受到学习主题的必要性，激发学生的学习兴趣，从而产生完成主题的动机。当学生的注意力被课文吸引，学习的兴趣、动机被激发时，学生便会在妙趣横生的情境中产生强烈的学习动机。

2.提出主题

教师在提出主题后，应立即引导学生选择完成主题的方法与手段。例如，在一篇文章的学习中，理清作者思想感情的变化及发展脉络是学习文章的重点之一，也有利于学生揣摩作者炼词造句和运用语言的技巧，因此，明确并领悟作者在文中所表达的思想感情是该课时研究的主题。

3.完成主题

完成主题是主题化教学模式中最重要的一环，它关系到主题化教学的成败，完成主题过程主要包括以下步骤：

（1）教师要指导学生学会使用计算机和利用网络检索获得相关信息：这是开设主题化教学的前提。可以介绍一些常用的搜索引擎，如搜狐、新浪等网站的搜索工具。

（2）学生获取信息后，教师要引导他们利用或尝试使用合适的方法对得到的各种信息进行过滤、分析、处理，并对所获得的信息形成一定认识。例如，为了理解课文中作者的感情，教师可以引导学生了解作者的写作背景，并让学生结合课文上网检索相关的分析观点，指导学生进行查询或共同学习。在这个过程中，教师可以指导学生通过浏览、分析、讨论、交流等方法掌握处理信息的方法。每个学生根据自己得到的不同信息初步形成自己的学习体会、研究成果或假设推论，并以论文、电子邮件、幻灯片等形式将这些初步成果体现出来。而这个获取信息—过滤信息—分析信息—处理信息—使用信息的过程正是指导学生掌握信息技术的主要内容。

（3）对初步形成的成果进行研讨。在这个阶段，教师可以利用多种形式来完成对初步成果的研讨，通过班级交流、群组合作或借助网络功能和学生进行一对一、一对多的交流；学生则继续搜集并分析信息，验证假设。教师身为教学过程的组织者、引导者，要充分发扬民主，鼓励学生发表自己的看法；而教师本身只提供最必要的信息，给学生一定的背景知识，启发和诱导学生自己去发现规律、纠正错误认识、补充片面认识。在讨论中，教师设法把问题逐步引向深入，以加深学生对所学内容的理解。

（4）经过充分的研究、讨论，学生再根据搜集到的信息，完善自己的成果，形成新的更高层次的学习体会或研究成果。此时的信息来源，不再局限于互联网，而是在众多的信息来源使用情况的对比中，使学生充分体会到信息技术的优点和不足。

4.成果展示

经过之前的获取信息、处理信息、形成观点与成果、修整观点与成果等过程完成了阶段性成果，但是阶段性成果的完成并不是主题化教学的结束，学生还要学会展示、推销自己的成果，并利用各种渠道、各种形式对已完成的主题进行展示和交流。可通过多种方式完成成果的展示与交流，例如，用电子邮件形式将自己的成果发送给师长、朋友或向报刊投稿；将成果做成演示文稿在班内展示；采用演讲、辩论赛的形式与同学交流等,这些方法都可以给学生带来充分的满足感和成就感。

主题化课堂教学模式围绕知识主题,课堂教学中以学生自主学习为主,教师从中加以组织和指导,它以信息技术为主要学习工具,强调获取信息、过滤信息、分析信息、处理信息的方法,重视学习的全过程和学生的协作学习。这种模式可以培养学生的创新能力,达到培养学生学会学习、学会合作、学会交流、学会分享的目的。同时,在主题化教学中,有以下两种忧虑需要排除。

(1)主体化教学中一种忧虑认为:信息技术在创设情境、激发兴趣方面是可行的,但往往只是场面热闹,语言文字的训练落不到实处。事实上,语言文字教学是语文教学的主要内容,是语文教学最基本的途径和方式,运用信息技术的演示和交互功能,恰恰能突出语文教学的重点,突破难点,增加语言文字教学的密度,提高语言教学效率。教师可以利用演示文稿或者其他软件制作工具,给学生提供各种学习素材,也可以利用信息技术编写自己的演示文稿或多媒体课件。例如,教师可以将全文内容切换到屏幕上,通过讲解重点段落,使学生能够较快地理解文章用词的准确性,或者把设计好的教学重点和练习及时、有序地显示出来,还可以通过投影对学生提出的阶段性成果加以评析,让学生及时了解自己和同伴的学习结果。这样,课堂教学的信息量就会明显增加,学生快速思维、快速阅读、快速表达的能力就可以得到训练和强化。

(2)主体化教学中的另一种顾虑认为:信息技术在知识的传授上可以以其形象性和高密度性独领风骚,但同时也会因为它的直观性遏制学生的思维和想象。其实这是对信息技术的误解。古诗词一般都写得比较含蓄,寓意深刻,耐人寻味,在古诗词教学中,可以借助现代教育技术形象生动的优势,启发学生思维和想象,再呈现课文描述的情境,这样可以收到很好的教学效果。例如,教师在古诗词教学中,可以运用标准的配乐诗词录音带,并在播放中适时加以形象化的语言点拨,把学生带入古诗的意境,引导学生运用联想和想象,在脑海里再现课文描述的情景。

(三)信息技术与教学整合模式构建

1.信息技术与教学整合模式的构建步骤

(1)借助信息,引导提出主题。提出主题旨在使学生明确自己将要在一个怎样的主题范围内以及怎样的框架下进行学习或研究。主题的确立关乎教学任务完成的质量，关乎课堂教学的效果，因此，提出主题是运用主题化课堂教学模式的第一步。

第一，确立主题要围绕教学目标：在认知领域的理解、应用、分析、综合、评价等层次中选择，主题要有助于启发学生独立思考，有助于培养学生独立分析问题、解决问题的能力，有助于训练学生的动手能力和口头表达能力。

第二，提出主题要讲究方法：信息技术为我们提供了大量信息和多种信息展示方式，要充分借助这些方式展示各种信息，引导学生思考，让他们提出主题，并通过讨论优化主题。通过多媒体情境的创设引导学生提出主题是有效的方法之一。此外，也可以通过投影提出一些有代表性的不同意见，或者通过一些发散性的问题帮助提出主题。

（2）搜集信息，确立自主学习主题。主题一经确立，应放手让学生围绕主题收集信息，自主学习。学生借助各种媒体资源，可以自主获取与主题学习相关的大量信息。例如，在课堂学习中，学生可以借助网络检索到大量有关课堂教学内容的信息，包括课文翻译、练习、教案、名家评论、课文朗读录音、图像、视频、动画等。学生通过检索，可以使课文内容变得直观形象，也可以轻松自如地在丰富多彩的网络资源共享中根据主题和自身的需要获取知识，从而自我组织、自我调整学习。

（3）交流信息，合作探究主题。合作学习主题，是组织学生对个体初步形成的学习成果进行交流和研讨，这是主题化课堂教学模式提高学习效果的关键步骤，教师可以灵活运用多种形式来组织学生对初步成果进行学习、交流、研讨，通过班级交流、群组合作或借助网络功能和学生进行实时的一对一或一对多的交流。在这个阶段，学生继续搜集并分析信息，验证假设，完善自己的成果，形成新的更高层次的学习体会或者研究成果，经过获取信息和处理信息，学生初步形成观点与成果并对这些观点与成果进行修整，以便于学生之间进行交流与学习。

（4）拓展信息，深入延伸主题。在完成主题基础性探索学习之后，可以让学生继续对主题进行创造性的学习研究，对与主题相关的信息进行拓展、重组、创新，从而更进一步提升学生的创造能力。例如，在《窦娥冤》一课的学习中，可以以"三桩誓愿"为主题进行学习，使学生充分把握窦娥的个性，文章的主题思想以及作品浪漫主义和现实主义相结合的艺术特色。在实践中，还可以将《窦娥冤》与叶宪祖改编的《金锁记》进行比较，并由此对我国古代文学和外国文学的悲剧美进行研究。

在教学过程中，上述步骤往往是不断重复的。尤论是阶段性完成的主题，还是一个没有完成的主题，都在不断得到新的信息和不断进行研讨中得以完善和修整。观点与成果也不断获得补充、研讨和完善。当前的信息技术与课程整合的关键，是如何有效应用信息技术的优势来更好地达到课程学习的目标，培养学生的信息素养、创新精神与实践能力。

2.信息技术与教学整合模式的应用

基于信息技术与语文教学整合的主题化课堂教学模式，在运用过程中，可能会碰到各种问题和困惑，如信息技术与语文教学的关系处理，主题如何确定，能否达到学生的全员参与，等等。妥善解决实践过程中可能出现的种种问题，确保课堂教学的顺利、高效，需要教师讲求教学艺术。此处以主题化教学为例，探讨信息技术与教学整合模式的运用应遵循的原则，具体如下：

（1）以教学主题为核心。对主题的不同认识会带来不同的主题化课堂教学。要想使主题成为课堂的灵魂，教师必须明确教学主题。

第一，主题是教学环节的中心：主题化课堂教学以主题问题为核心，无论是主题的提出，还是自主学习主题、合作探究主题、深入延伸主题，都离不开主题。主题应是课堂教学环节的中心，教师和学生应紧紧围绕主题展开活动。

第二，主题是吸引学生的磁石：虽然提倡应由学生自主讨论来提出主题，但同时也离不开教师的指导。教师指导应立足于激发学生的学习兴趣和主题的研究价值。兴趣是行动的前提和动力，有研究价值才能激发学生的学习兴趣。

第三，主题是通向语文的大门：基于信息技术与语文教学整合的主题化课堂教学，其主题提出和探讨都要建立在语文教学的基础上，都不能违背语文教学的宗旨。主题仿佛就是语文的大门，学生通过研究主题这扇大门进入美丽的语文花园。

（2）以信息技术为辅助。信息技术应当被看作一对能让学生腾飞的翅膀，能带学生进入主题学习的自由空间。在对待信息技术的态度上，应该有以下两方面的认识：

第一，信息技术是语言的翅膀。语言文字教学是语文教学最主要的内容、最基本的途径和方式。运用信息技术的演示和交互功能，恰恰能突出重点，突破难点，提高教学效益。

第二，信息技术是思想的翅膀。一篇文章的内容是有限的，而信息技术在瞬时提供给学生的大量信息有可能形成、改变或引导学生的思想。

（3）以全体学生为主体。社会建构观的代表人物，苏联教育学家和心理学家维果茨基认为，人的认知是在一定的社会文化背景下，与他人及社会的互动中主动建构的，建立于建构主义理论基础之上，主题化课堂教学模式本身非常重视发挥学生主体性，但要让学生最大限度地在自主、协作和会话中达到"三维目标"，做到"建构""生成"和"多元"，需要在以下几个方面突出学生的主体性：

第一，学生是学习目标和学习内容的主体。在传统教学中，学生"学什么"是由教师"教什么"决定，学生没有自主选择权，主题化课堂教学模式的学习主题是要让学生自主讨论决定或在教师引导下共同决定；学习内容也由学生自主控制，学生想通过信息技术了解哪些内容、掌握哪些内容，完全凭自己的需要，教师不能过多干涉。

第二，学生是学习过程和学习方式的主体。在主题化课堂模式的教学过程中，无论是提出主题，还是自主学习主题、合作探究主题、深入延伸主题，都应在主体参与下进行；学生学习方式应是自主、合作、探究式的，让学生作为主体参与教学活动是主题化课堂教学模式的一大特点。只有这样，才能充分体现课程标准的精神，体现新型教学文化的本质，即以学生的发展为中心。

第三，学生是学习情感和学习结果的主体。后现代思想崇尚混沌和不确定，崇尚过程和非理性的支架。回归生活的教学哲学思想也强调人的意义在于理性和感性的统一。主题化课堂教学模式应自始至终尊重学生的情感体验，只有这样，才能使学生在主题的提出中生情，在自主学习中增情，在合作探究中激情，在创造延伸中抒情。

（四）利用校园网络构建第二课堂模式

1.利用校园网络构建第二课堂模式的可行性

当今社会，网络已经成为人们生活中最重要的内容之一，对于在高校就读的学子们而言，网络既是他们生活中不可或缺的一项内容，也是他们在课堂外获取知识的最重要源泉。利用网络开辟第二课堂的可行性主要表现在以下几个方面：

（1）高校的学生是校园网络利用率最高的人群。大学生是与网络接触最多的人群之一，网络让他们接触了多元的文化，同时也是他们获取知识的一个便捷而有效的途径。在飞速发展的信息时代，要想适应形势的要求，就必须了解、掌握大量的资料，仅靠传统的学校教育模式已经难以适应当代形势的要求，而网络则弥补了这一不足。上网不仅能够使学生学习网络技能和知识，也能使他们在课堂之外吸收大量的信息，丰富自己的学识。对于在大学就读的青年学子而言，网络为他们提供了平等、宽松的社交环境，使他们成为上网人群中最重要的生力军。

高校的网络是学生获取信息的重要来源，由于学校的各种信息都在校园网上发布，与学习相关的考试成绩的公布、选课等都离不开校园网络，因此校园网络已经成为他们每天必上的网络之一，对于从事语文教学的任课教师而言，充分利用校园网络对于大学语文的教学是一个很好的补充。

（2）高校设置语文课时过少，不能满足学生求知的需要。由于大部分高校设置的语文课时过少，教师在课堂上所讲内容有限。虽然可以通过课堂上的教学引导，激发学生学习与探索的兴趣，但无法将更多中国文学中的经典作品介绍给学生，这也是众多大学语文教师感到遗憾的地方。因此，要实现学生全面综合素养的提升，弘扬人文精神，仅仅靠课堂讲授是不够的，还需要另辟蹊径。在课堂之外，高校的语文教师可以继续传播中国文学的方式中，网络教学是其中的一个捷径。网络是学生生活中必备的，在网络上获取知识，是大学生最喜欢的一种方式，利用网络将制作精美的视频上传，让学生在课堂外同样可体悟中国文学的魅力。如此，这也是语文课程延伸教学的成功，同时也弥补了课时不足给大学语文教师带来的问题。

2.利用校园网络构建第二课堂模式的方法

校园网络教学是指在网络环境下，以现代教育思想和学习理念为指导，充分发挥网络的各种教育功能和丰富的网络教育资源优势，向教育者和学习者提供的一种网络教和学的服务，这种服务体现于用数字化技术传递内容，开展以学习者为中心的非面授教育活动。

大学语文教师利用网络进行的第二课堂教学，就是在校园网中专门开辟一个语文专栏，进行语文教学的一种全新尝试，而这种专栏是通过网络教学的方式实现的。制作一段文学欣赏的教学视频，用精美的画面将教师的讲解融入其中，使教师的讲解与优美的画面恰到好处地结合，给学生带来一种新的视听享受。时间不宜过长，以20分钟为宜，让学生在课堂之外，通过网络来吸收更多更好的知识，提高学生的文学鉴赏水平，同时也能够充分发挥每一位大学语文教师的长处。在制作大学语文课程的视频时，任课教师除了需要有渊博的知识外，还需要有很好的多媒体制作技术，当然，更重要的是要有巧妙的构思，让制作的视频能够激发学生的学习兴趣。为此，需要大学语文教师从以下几个方面着手：

（1）视频要有完整性的讲述。所谓完整性的讲述，并不是完完整整记录某个作家或该作家的全部作品，而是在20分钟的讲解中，选取某一部分的完整性来进行讲解介绍，即完成一个内容或一个问题，如有必要，关于这个作家、作品的讲解可做一系列的视频，形成一个完整的系统。另外，还要注重对叙事技巧的使用，在视频的讲解中多提出一些问题，就像小说中悬念的设计一样，利用这些问题，吸引学生看下去，然后一层层地进行解惑。

（2）影像化的呈现要体现文学作品的意境。图片、字幕、影像资料能给学生以直观的印象，学生在此基础上体悟作品，能够更直观，印象也更加深刻，因此，教师在制作视频时，要尽可能多地搜集图像资料，制作出优美的画面。同时讲解的语言也很重要，要运用生动形象的语言，这样才能真正起到吸引学生并且激发他们兴趣的作用。

（3）提高讲课教师的个人魅力。有了很好的讲课内容，还需要有一个好的表达者，因此，在视频中出现的讲解教师，不仅要有良好的普通话水平，还要有一定的学术水平、一定的表述能力和人格魅力。教师的一举一动关系整个视频的成败，因为教师是视频中贯穿始终的核心人物，教师的个人魅力，直接影响学生对此视频的兴趣，也关涉视频在学生中间的流传程度。

（4）做到无差别的讲课。学生的语言基础有好有坏，但作为第二课堂的大学语文网络教学，面对的是全体学生，这就要进行无差别的讲课方式，使任何基础的学生都能听得懂，只有这样，才能真正起到在学生中推广中国文学的作用。

（5）进行巧妙的构思。构思精巧与否同样决定着视频的成败，为此，视频制作之前，要精心谋划，找出作品的精彩部分和学生的兴趣所在，围绕一个主题来制作作品，做到工于心，精于巧。教师在精心制作视频后，将其上传到校园网络，作为大学语文的第二课堂进行非面授教学，使学生在课外，在一种轻松、主动的环境中获取知识，而非课上的被动接受。这样的学习氛围易被学生接受，同时，优美的画面更能激起学生的兴趣，吸引学生逐渐走进这个大学语文第二课堂。

综上所述，在国学日益升温的时代，大学语文教师利用自身的优势传播中国文化，将网络作为大学语文教学的第二课堂，使学生受到中国文学中的优秀作品所体现的人文精神和优秀传统的熏陶，并且通过对经典作品的解读赏析，培养高尚的道德情操和健康的审美情趣，提升自身的文化素养和品位。从而使学生在吸收中国浩如烟海的文学积淀的同时，增强人文精神的培育，真正起到浓郁校园文化氛围、推进素质教育与通识教育的作用。

第二节　基于信息化的在线课程教学设计

随着5G时代的来临，大学生通过手机终端浏览各类短视频成为生活常态。手机终端短视频用户数量已经超过了电视、电脑用户。由于短视频具有单个视频时间短、容量小、方便反复观看等优势，加之短视频用户甚至可以快速下载、评论、分享短视频，与视频创作者进行互动，短视频在当下具备了极强的传播力和庞大的受众群体。大学语文在线教学需求日益增长，网络直播教学、网络教学视频的制作与应用已经成为高校人文教师面临的新课题。下面就以"短视频"为例，探讨在线课程的教学设计。

一、在线教学短视频的优势

第一，大学语文教学"短视频"更容易保持学生的注意力，克服学生的网络学习惰性。目前，大学语文慕课"MOOC"建设仍然基于普通课堂教学形式，教学内容与课堂教学区别不大。教学视频的录制形式以课堂实录或者ppt录屏讲授的方式为主，这种在线教学的形式与普通面授的内容基本一致。但由于教学视频时间长、内容较多，并且教学效果并不优于课堂教学。相比较而言，大学语文教学短视频承载的教学内容更加短小精悍，能够有效地避免长时间网络教学导致的疲乏和注意力衰退。当前，中国大学MOOC等平台不乏优秀的大学语文慕课课程，这些课程在内容的选取、重难点的分析、课后的延伸等方面已经有了比较高的水平。但是很多学生在学习这些大学语文MOOC课程时仍存在"敷衍"的行为，尽管他们认为所学的大学语文在线课程质量够高，但仍不习惯于学习"长视频"，因而采取消极的策略对待网络学习，导致学习效果不佳。就疫情期间的在线授课情况来看，完整的慕课课程虽然一定程度上缓解了教师在特殊时期的在线教学需求，但是从学生的学习效果来看并不理想。

第二，"大学语文短视频制作成本低、素材加工过程便捷，便于教师制作丰富多样的教学视频以满足学生的不同兴趣与学习需求。"[①]目前的大学语文教学虽然以文学作品为主，但却涉及庞大的知识体系。大学语文课程的目的是为提升大学生的人文素养和语言文字能力。因此，大学语文的教学视频制作不必拘泥于内容完整的一堂课，可以通过短视频的形式将教学内容进行分解或者拓展。教师可以根据自己的教学需要，制作内容丰富的视频，形成短视频教学资源库，满足学生不同的兴趣和学习需求。由于慕课课程的制作流程相对复杂，有时必须聘请专业的视频制作团队协助才得以完成。微课视频虽然时间不长，但仍是较为正式的知识点讲授型的教学视频，因此需要耗费较多的时间进行教学内容和录制的准备工作，相较于形式和内容更加精简化的短视频，制作过程仍然显得复杂。这在一定程度上不便于教师将教学内容快速转化为教学视频。

此外，学生在线学习相较于课堂学习更加依赖自觉性，而自觉性与学习兴趣直接相关。内容丰富且有趣的大学语文短视频不仅便于教师在较短的时间内根据教学需要进行"批量输出"，而且可以不拘泥于严肃的教学风格，更加通俗易懂，更加贴近学生的兴趣。

二、在线教学短视频的设计

（一）短视频内容与课堂教学内容互补，凸显人文性

目前的大学语文课堂教学依托文学作品展开，教师围绕文学作品的作者、内容、思想等方面进行讲授。由于课堂时间有限，许多内容不能深入讲解，因此，可以根据教学需要制作大学语文短视频，对课堂内容进行延伸和扩展。例如，教师在课上讲授了《红楼梦》经典片段"宝玉挨打"，课下学生可以通过在线短视频了解与《红楼梦》有关的诸多知识，如"脂砚斋真身之谜""曹雪芹的家世""金玉良缘与木石前盟""贾宝玉与琪官的友情""王夫人的真面目"等。课堂教学以外的短视频与教学内容相关联，又不局限于课堂教学内容，以此丰富大学语文的教学资源，开阔学生的眼界，凸显大学语文的人文性。

---

① 李运余，吴明霞.5G时代大学语文在线教学短视频的设计与应用[J].发明与创新（职业教育），2021（7）：93.

（二）区分语文教学短视频与"慕课""微课"的不同

大学语文教学短视频与"慕课""微课"的不同体现在以下几个方面：

第一，大学语文教学短视频的教学目的不同于"慕课"和"微课"，更注重提升兴趣，拓展知识面。短视频不仅可以是某个知识点的讲解，也可以是课外知识的拓展。而"慕课"和"微课"都要有与课堂教学类似的教学目的。根据目前快手、抖音等热门短视频平台的传播规律，一段视频的时间在几十秒到几分钟不等。结合大学语文的教学内容，一段大学语文教学短视频的时长应该控制在2~5分钟。如果时长不够，那么应该把内容进行进一步分解，或者将一段长视频做成具有既独立又相关的多个视频，形成短视频系列。例如，配合课堂讲解宋代词人苏轼的词作，教师准备制作一段视频，讲述宋代词人苏轼的人生故事，时长已经明显超过了短视频所能容纳的限度。可以将这段视频进行分解，制作成包含"苏轼的富庶出身""苏轼幼年饱读诗书""天才苏轼科举成名""苏轼的才艺""乌台诗案""一蓑烟雨任平生的境界何来"等，形成短视频系列。

第二，大学语文教学短视频的形式较之于"慕课"和"微课"更加灵活。"慕课"和"微课"虽然时长不同，但仍脱胎于课堂教学，一般要求教师出镜，有严格且明确的教学设计、教学实施过程等。教师可以出镜讲授，也可以采用旁白加视频或图片，还可以运用白板、纸张等进行辅助拍摄视频，既可以绿幕抠屏，又可以手机直录。

（三）短视频的制作应统一规划，具备系统性

短视频将大学语文的教学内容进行了分解，无法避免碎片化的问题。因此，教师在制作教学短视频时应注重系统性：统筹规划，主题引领，让多个视频在同一主题下呈现，多个视频主题又共同形成有机统一的教学短视频资源库。以中国现代文学为例，可以按照文学史的阶段划分成五四新文学革命、五四至1949年的文学，两个大主题。其中五四新文学又可以划分为"小说""散文""诗歌"三个主题。以小说为例，又可以按照作家作品进行主题划分，如可以划分为"鲁迅""郁达夫"等，每个作家主题之下，又可以按照作品及其他相关信息进行主题划分，进而形成短视频主题。例如"郁达夫"主题下，可以划分为郁达夫的生平及作品介绍等更加具体的主题，进而制作如"郁达夫在日本""《沉沦》导读"等短视频。在诗歌主题下，又可以分为"郭沫若""徐志摩""闻一多"等

主题，或者按照诗歌流派进行划分，然后进行更细致的子主题划分。总而言之，应避免因短视频的短小而陷入过度的碎片化，保证整体短视频教学资源的连续性和系统性。同时短视频资源库具备扩展性，其中的教学短视频可以根据教学实践的需求随时进行补充或替换。

需要注意的是，在5G时代，大学语文教学短视频能够更好地迎合手机终端学习的需求，但这并不意味着短视频将会替代慕课和微课。在实际的教学过程中，应该将慕课、微课、短视频有机结合起来，以满足不同的教学需要。短视频还可以作为微课和慕课的素材，既可以单独使用，又可以三者融合。

第三节 基于信息化的课程教学体系构建

在现代信息技术的影响下，传统的大学语文教学体系存在许多问题，影响了学生的学习效果，因此，要对现有的大学语文教学体系进行重建，积极运用信息化技术开阔学生的视野，让学生能够充分地运用现代化的教学手段进行学习，并且要充分运用互联网技术构建出满足学生实际需求的教学模式。

一、基于信息化的课程教学体系构建意义

（一）促进课程内容的优化

在信息化时代，人们获取信息的效率迅猛提升，越来越多的资讯容易导致学生很难对信息快速识别与处理。"通过对大学课程内容进行优化与改革，能够根据学生的实际情况进行分析，总结人文素养课程的教学重点，让大学语文的教学内容可以更加符合学生的终身发展，不断提高学生自身的语文素养，帮助学生树立正确的人生观念和价值观念，为后续的学习工作和生活提供重要的参考依据。"[①]在大学语文教学改革的过程中，必须积极加强对学生的引导，培养学生爱岗敬业、诚实守信的职业道德品质，为我国培养出更多的技能型人才。

（二）拓宽课程教学的载体

互联网信息技术的快速发展，对传统的教学方式造成了严重的冲击，很多学

---

① 王萍.现代信息技术背景下高职大学语文教学体系的构建[J].文化创新比较研究，2020，4（14）：103.

生往往通过互联网获取知识，很难在课堂教学中对理论知识进行深入的探究，大学语文课堂教学改革，必须将线上学习与线下学习紧密结合，帮助学生获取大量的信息资源，同时对重点知识进行深入的探索，提高学生学习的总体水平，帮助学生主动地去获取语文知识。在大学语文课堂教学的过程中，还可以与各种文学活动紧密结合，包括写作类活动和语言竞赛类活动，让学生能够积极主动地运用所学知识，强化学生的学习技能，增强学生的文化自信心，贴合岗位需求。

在大学语文教学体系优化的同时，必须契合目前社会对语文专业人才的需求，通过系统化的学习，让学生对中国文学史的发展进行深入了解，增强学生学习的兴趣，提高学生对传统文化的继承与发展，培养学生的爱国主义情怀，根据学生的个性化特征，选择恰当的兴趣浓厚的知识点，让学生能够更加自由地进行沟通表达与写作，有效解决问题。通过演讲朗诵、话题讨论等形式，提高学生对语言的运用能力，转变教师和学生之间的关系。必须积极转变传统的课堂教学模式，适应互联网信息技术发展的整体趋势，在大学语文课堂教学的过程中，要加强对教学内容、教学模式的改革与优化，设置更加符合社会需求的专业，实现课堂教学与岗位相结合的培养模式，使得大学语文真正成为对学生成长成才有用的学科。

二、基于信息化的课程教学体系构建要求

为了能够充分满足大学语文教学体系符合信息技术的发展要求，培养出既具有语文综合素质审美能力又具备信息技术的综合素质人才，确保大学学生的终身发展。在信息化技术背景下，大学语文教学体系构建，必须明确教学内容、教学方法、教学过程和教学评价。通过这四个层次来加强对学生的引导，突出语文教学的职业性、开放性、实践性及创新性，强化学生的学习水平。

三、基于信息化的课程教学体系构建途径

在构建语文教学体系时，必须确立以德树人的根本目标，培养学生终身发展的能力。在实际课堂教学开展时，要通过多种方式将语文的工具性与人文性紧密结合，促进知识技能、情感态度及价值观念的和谐统一，保证情境教育的有效衔接。通过第一、第二课堂的配合，让学生能够在学习实践的过程中提高语文的核心素养和专业水平，从而帮助学生养成良好的学习习惯。

（一）完善教学内容

在人才实际培养的过程中，必须将现代化的信息技术与学生的实际相结合，根据课时内容的具体情况，打破传统课堂教学模式，选择适合中文专业本科学生的文学史教学内容要求，从而为学生后续的岗位要求奠定良好的基础。

在将不同的建设内容模块整合之后，形成文学欣赏模块、演讲与口才模块、沟通与表达模块等不同的专题内容，提高文学欣赏的整体效果，以满足学生的情感需求。

（二）丰富教学方法

随着现代信息技术的快速发展，各种先进的教学技术层出不穷，如微课视频教学、慕课教学等。这些丰富的网络在线资源，可以拓宽教学内容，增强学生的学习兴趣，也能够使学生体会到语文学习的效果。因此，要积极运用线上线下相结合的方式，提高学生的自学水平，将学生的思维逻辑紧密结合，让学生逐渐融入文学教育的氛围之中，提高学生的创新意识，保证学习的整体效果全面增强。

除了课堂教学之外，最主要的就是将语文学习与生活实践紧密结合，使学生的身心得到健康发展。目前在大学语文教学中主要将语文作为工具，而忽视了语文的生活价值，所以很难有效地通过语文教学提高学生的综合素质，为此在现在信息技术背景下，大学语文教学体系的优化必须发挥语文的工具性和实用性，让学生能够对文学作品进行深刻的感悟，陶冶学生的情操。通过运用现代多媒体技术，既能够让学生对文学作品的印象更加深刻，又可以提高视听效果，增强学生的记忆能力。此外在运用信息技术时，可以实现隔空对话与交流，如通过腾讯QQ留言、微信群等方式，让学生与教师随时随地地进行沟通，而且这一沟通方式也符合学生的日常生活，可以更好地满足学生的实际体验。语文教师还可以通过发布网络作文、微博等方式，让学生定期发布对生活的感受，既能够让教师及时地了解学生的学习状况和思想动态，又能够将语文学习与日常生活紧密结合。现代信息技术可以为语文教学提供丰富的共享资源，在语文教学中通过提倡自主、合作探究的学习方式，让学生成为课堂教学的主体，打破在传统语文教学中教师主宰教学环节的局面。

(三)优化教学过程

传统的课堂教学中,主要采取教师一对多的方法进行教学,这样就很难让每一位学生得到教师的指导,为此必须积极转变传统课堂教学模式,在课堂上通过采取小组讨论、分工协作的方法,尽量让每一位小组成员都能够参与到课堂学习中,要积极引导学生学会自主探究,使其体会到学习的乐趣。在课余时间要组织学生参加各种社团活动。例如,写作比赛、朗读比赛,可以丰富学生的课余生活,增强学生对语文的兴趣,提高学生的职业素养。

综上所述,在现代信息化技术背景下,语文教学体系的建设必须顺应时代的发展趋势,充分运用现代信息技术,增强师生之间的沟通与交流。对语文教师来说,必须与时俱进,积极参与课堂教学改革,通过信息化手段改变传统语文课堂教学存在的弊端。另外,对于广大学生而言,要树立正确的思想价值观念,自觉抵制网络带来的不良诱惑,努力做到自主学习、充实自己,提高自己的语文学习能力,从而为未来的工作奠定坚实的基础。

第四节 基于信息化的课程教学改革创新

一、基于信息化的课程教学改革创新的优势

随着信息技术迅速的发展,它已经影响到了人们生活的各个方面,并深入教育领域,由此使得教育越来越呈现现代化、独特性和先进性等特点,影响着教学思想、教学模式、教学工具的变革与改善。就目前而言,信息技术的出现使得世界各个国家在调整各自传统的教学方式,我国的信息化教学更注重实事求是,创新的教学模式是与教材内容相一致的,对各科教学水平实现全面升级,而外国的信息化教学更注重以学生这一群体为根本,注重学生在课堂中的主体地位。这是由传统的教学理念导致的,在以往的教学中教师一直应用传统的教学方式,一时间还不能适应信息化教学。另外,大部分教师对信息化教学还没有形成正确的认识,从而使得只是在形式上应用信息化教学,没有真正贯彻落实下去。

教学主要针对两个群体——学生和教师。实际上,"教"是指在信息化的教育背景下教师应该更有效地教;"学"是指在信息化的教育背景下学生应该学

得更好。这同时强调了学生和教师的重要性，要求教师必须灵活应用信息技术创新多元化的教学方式，以营造积极活跃的课堂氛围，调动学生学习大学语文的热情。在信息化的教育背景下，语文教师应用先进技术进行知识的讲授，将单调空洞的语文知识以图像或者视频等直观方式展示给学生，深化学生对于知识的理解与掌握，提高语文教师的教学效率与教学质量。在教师的引领指导下，学生利用信息技术这一途径学习，使得他们思维理念发生转变，变革了学生原本的学习方法，有利于提升他们的自主学习能力。

二、基于信息化的课程教学改革创新的路径

第一，教师提前备课，根据教材内容与学生的学习特性安排适当合理的教学计划，并且从网络上找寻相关的图片、音频或者视频资源制作成课件，有意识地激发学生的学习积极性，引导学生进行自主学习，强化他们对整个大学语文知识体系的理解与记忆。教师还可以利用网络的优势让学生在网络上完成一系列学习任务，课上课下紧密结合进行教学，培养学生的自主学习能力。

第二，充分发挥学生课堂的主体作用，让学生预习课文，在对所学内容有一定的认识之后，教师再通过提问的方式了解学生掌握知识的情况，从而便于教师进行更有针对性的教学活动。给学生讲解知识盲区，拓宽学生的学习领域，深化学生对于大学语文知识的掌握，之后教师便可以将班内学生分成各个小组，让他们与小组成员积极探讨和思考问题，提升学生的实践探究能力和思维创新能力，并且教师及时对学生的回答情况作出评价。这样一来可以帮助教师了解学生的实际学习情况，补充他们不会的知识，也可以让学生意识到教师对他们的重视，进而引导学生积极主动地学习。

三、基于信息化的课程教学改革创新的策略

随着大数据时代的到来，信息技术在人们的日常工作和学习中扮演着日益重要的角色，尤其是极大地方便了教师开展教学活动。因此，高校应该引导教师对信息技术形成正确的认识，以在语文教学活动中应用这一先进技术。教师也要积极调整自身的教学理念，构建与信息化背景相适应的大学语文的教学模式。

语文教师应该学会巧妙地应用信息技术进行语文知识的讲解，真正贯彻落实大学语文学与教的变革。在课堂活动中，教师要有意识地锻炼学生大学语文的

听、说、读、写这四项重要的能力，在有效完成大学语文教学任务的同时体现其促进学生全面发展的育人特征。教师还应该结合高校的发展方向，以学生专业的特征为落脚点，进行有针对性的学与教的变革，提升学生的专业知识技能和素养。

结束语

  时代环境的变化对高等教育有了更新的要求，大学语文教学是中国文化传承的必要途径。基于此，本书论述了大学语文教学理念与时代要求相适应的理论，阐述了树立新时代多元化课程教学理念以及方法研究，从其艺术性、生态性和人文维度进行深化探究。对现代大学语文教育教学的新思维的研究，无论对丰富大学语文的教育理论体系、实现教育目标，还是改善大学语文的教育现状、提高课程实效，都具有重要的理论和实践价值，从而使本书体现一定学术价值。

参考文献

一、著作类

[1] 郭明俊.高职院校语文课程教育研究[M].天津：天津科学技术出版社，2018.

[2] 侯丹.大学语文创新教育研究[M].长春：吉林人民出版社，2020.

[3] 王双同.大学语文教育研究[M].北京：中国商务出版社，2019.

[4] 王意如.语文素养和语文教师的素养[M].上海：文汇出版社，2011.

[5] 谢昭新，张器友.大学语文与人文素质教育研究[M].合肥：合肥工业大学出版社，2011.

二、期刊文章类

[1] 蔡银.思政教育融入大学语文课程教学的实践与思考[J].文教资料，2021（18）：124.

[2] 陈晓波.文学鉴赏教学过程中应重视文学的情感性[J].文化创新比较研究，2018，2（26）：61.

[3] 丁庆刚.大学语文多元化教学方法探究[J].文学教育（下），2012（2）：38.

[4] 董军.大学语文课堂教学创新思维的培养分析[J].当代教研论丛，2019（1）：34.

[5] 高海清.在大学语文教学中培养学生的创新思维品质[J].新课程（教育学术），2011（2）：248.

[6] 郭真.大学语文课程内容构建探微[J].内蒙古师范大学学报（教育科学版），2014，27（7）：81-82.

[7] 哈迎飞.基于中华优秀传统文化传承的大学语文课程建设探究[J].教育导刊，2022（4）：28-34.

［8］侯春玲.语文课程教学改革与实践研究[J].新课程研究（中旬-双），2020（6）：63.

［9］黄吟珂.多元化时代大学语文课程建设的反思[J].中国成人教育，2011（8）：151.

［10］李凤娥.语文教育评价综述[J].速读（下旬），2018（2）：147.

［11］李霞.生态教育理念下大学生语文课程改革之我见[J].课外语文，2015（22）：101.

［12］李运余，吴明霞.5G时代大学语文在线教学短视频的设计与应用[J].发明与创新（职业教育），2021（7）：93.

［13］林莎.浅议大学语文课程网络化教学平台的构建[J].中国成人教育，2015（7）：141-143.

［14］毛云.语文教学语言的优化策略探究[J].成才之路，2018（7）：25.

［15］穆厚琴.大学语文课程的反思与优化[J].教育与职业，2015（6）：140-141.

［16］秦朝晖.大学语文课程"学习共同体"的构建[J].中国成人教育，2014（8）：134-136.

［17］宋涛.语文教学语言探微[J].新教育时代电子杂志（教师版），2016（22）：192.

［18］王萍.现代信息技术背景下高职大学语文教学体系的构建[J].文化创新比较研究，2020，4（14）：103.

［19］王兴芬.多元环境下对大学语文课程的反思与研究[J].现代教育科学，2017（10）：86-90.

［20］王勇.通往美育之路：大学语文功能再检讨[J].内蒙古师范大学学报（教育科学版），2020，33（4）：145-150.

［21］谢全玉.文化渗透助力高校教育——关于大学语文教学中传统文化的渗透研究[J].情感读本，2022（26）：97.

［22］徐志丹.妙用网络平台拓展语文教学多元化空间[J].语文建设，2015（26）：15.

［23］杨朝美.设计口语交际目标提升学生口语能力——谈语文口语交际课程教学策略[J].课外语文（下），2015（7）：57.

［24］杨建成.大学语文课程教学内容的构建[J].科教导刊，2013（19）：104.

[25] 杨小岑.多元环境下对大学语文课程的反思[J].黑龙江科学，2018，9（8）：122.

[26] 张华，张永辉.论大学语文课程的专题式教学[J].教育与职业，2015（22）：94-96.

[27] 张晓丽.语文教学中多元化教学方法的运用刍论[J].成才之路，2021（5）：106.

[28] 赵娜.多元化教学在大学语文中的应用[J].现代职业教育，2019（4）：124.